Jakuta
Alikavazovic

WIE EIN HIMMEL IN UNS

Meine Nacht allein im Louvre

Aus dem Französischen
von Stephanie Singh

Hanser

Titel der Originalausgabe:
Comme un ciel en nous
Paris, Editions Stock 2021

1. Auflage 2023

ISBN 978-3-446-27764-9

Umschlag: Anzinger & Rasp, München
Motiv: © GiorgioMorara / Adobe Stock
Satz im Verlag
Druck und Bindung: CPI books GmbH, Leck
Printed in Germany

FSC
www.fsc.org
MIX
Papier | Fördert
gute Waldnutzung
FSC® C083411

Am Anfang hinterließ ich manchmal Botschaften
auf der Straße. Jemand lebt im Louvre,
lauteten einige dieser Botschaften.

DAVID MARKSON,
WITTGENSTEINS MÄTRESSE

1

Die Nacht vom 7. auf den 8. März 2020 habe ich allein im Louvre verbracht. Allein und gleichzeitig alles andere als allein.

Ich war in der Antikenabteilung, im Kariatidensaal, auch wenn ich mein Schlaflager im Lauf der Nacht woanders aufbauen musste. Denn die Orte haben eine Seele, die Orte haben ein Leben, vor allem im Dunkeln; und es kommt vor, dass die am häufigsten besuchten und begangenen Orte, sobald sie leer sind, sich aufbäumen und auf ihre Weise rächen, indem sie all jene verjagen, die es gewagt haben zurückzubleiben.

Vielleicht spüren diese Orte auch, dass man kein gänzlich ruhiges Gewissen hat. Dass man kein gänzlich ruhiges Herz hat.

Wer eine Nacht im Louvre verbringen will, muss sich an ein bestimmtes Protokoll halten. Meine Mutter, deren Forschungen sie im letzten Jahrhundert bis in die Russische Nationalbibliothek in Moskau führten, erzählte mir, sie habe die ersten drei Tage dort damit verbracht, den Empfang in der Mokhovaya-Straße aufzusuchen, nur um dann zu erleben, wie ihr der Zugang immer wieder verwehrt wurde. Gewisse

Rituale festigen sich schnell: *Ich kam an, fragte, ob meine Unterlagen eingetroffen seien, man sagte mir, sie seien noch nicht da. Ich lächelte, hinterlegte mein Geschenk und ging wieder.*

Binnen drei Tagen verschenkte sie eine Schachtel Schweizer Pralinen, eine Halbliterflasche Champagner und die Make-up-Palette einer Luxusmarke. Die Geschenke hatte meine Mutter auf der Hinreise ganz gezielt in Duty-free-Shops am Flughafen Charles-de-Gaulle gekauft, denn sie ist Russin und russischsprachig – wenngleich sie ihr Russisch, wie sie zu sagen pflegt, mehr und mehr verliert, wie ein Baum seine Blätter. Als Russin ist sie sowohl mit der impliziten als auch der expliziten Etikette vertraut. Am Morgen des vierten Tages begann sie sich dennoch langsam Sorgen zu machen: Die Sachen aus den Duty-free-Läden waren aufgebraucht; sie hatte nichts mehr. Doch es wäre ein grober Verstoß gegen die Etikette gewesen, mit leeren Händen aufzutauchen. *Ich wusste nicht, was ich tun sollte: Ich nahm deine Venus von Milo, die du in meinem Gepäck versteckt hattest, wie du es immer machtest, wenn ich verreiste, damit ich Paris nicht vergäße.* Sie lächelte ein wenig. *Wie hätte ich Paris vergessen können? Diese Stadt war meine größte Liebe.*

An jenem Tag erhielt meine Mutter ihre Berechtigung. Vielleicht lag es an diesem ungewöhnlichen Geschenk. Vielleicht steht am Empfang der riesigen Moskauer Bibliothek noch immer eine Miniaturversion der Venus von Milo. Die Berliner Mauer ist gefallen, genau wie die kommunistischen Regime Europas; Gorbatschow ist nicht mehr an der Macht, hier und dort sieht man ihn manchmal in der Anzeige eines berühmten Herstellers luxuriöser Lederwaren jenseits aller ideologischen Schlachtfelder. Aber vielleicht ist meine Miniatur trotzdem noch dort. Vielleicht steht sie noch immer an diesem mythischen Ort, einer Bibliothek der Größe eines ganzen Stadtviertels, einer Stadt in der Stadt, in der Fremde sich verlaufen und manchmal, dem Geruch und Aroma nachspürend, den Raucherraum suchen, den es schon seit Jahren nicht mehr gibt. Wer weiß, vielleicht finden sie ihn manchmal? Es erscheint mir seltsam und schön, dass der Abdruck meiner Kinderhände auf einer kleinen Statue, an die ich länger als ein Vierteljahrhundert nicht gedacht habe, in einer Stadt und einem Land auf mich warten, die ich beide noch nie betreten habe.

Der Louvre von heute hat gewiss nichts mit der Leninka-Bibliothek von vor 30 Jahren gemeinsam. Dennoch muss man sich auch hier als vertrauenswürdig erweisen. Die explizite und implizite Etikette ist nicht die gleiche, aber es gibt sie. Mehr oder weniger offizielle Gespräche finden statt; ein polizeiliches Führungszeugnis wird verlangt. Der Prozess ist langwierig und zweifelsohne notwendig: Man gestattet eben nicht dem Nächstbesten Zutritt zu einem solchen Ort. Zumal allein. Nachts. Als ich die Sicherheitsleute und den Museumsleiter von meinen guten Absichten überzeugt hatte, erhielt ich für mein Vorhaben endlich die lang ersehnte Erlaubnis.

Ich wolle ein Buch über den Louvre schreiben, sagte ich bei diesen Gesprächen, die eigentlich, vielleicht, Vorstellungsgespräche waren. Ich wolle ein Buch über den Louvre und meine Familie schreiben. Über den Louvre und meinen Vater. Alle fanden die Idee hervorragend. Ehrenwert. Aber die Orte – oder die Kunstwerke, die sich dort befinden – nehmen Dinge wahr, die uns selbst entgehen.

Weder die Sicherheitsleute noch der Museumsleiter und auch nicht die Leiterin der Sammlung, die mich, meine Entscheidung und mein Vorgehen durch den gesamten Prozess unterstützte, wussten es damals: Ich bin die Tochter eines Mannes, der mich bei jedem Museumsbesuch fragte, wie viele gemalte Tiere, Sonnenaufgänge, Segelboote und Monde ich gesehen hatte. Wie viele Fenster, wie viele Treppen. Wie viele Wächter und Kameras. Und wie viele Notausgänge? Und Feuerlöscher? Nein, niemand von ihnen wusste, dass ich die Tochter eines Mannes bin, der mich bei jedem unserer Besuche fragte:

Na? Wie würdest du die Mona Lisa stehlen?

Von zu Hause nehme ich die Metro. Es ist die erste Nacht, die ich getrennt von meinem Sohn verbringe, der vor Kurzem neun Monate alt wurde. Es ist schon dunkel. Es regnet. Ich überlege kurz, ein Taxi zu nehmen, aber das Taxi beschützt, macht schläfrig; ich muss mit wachen Sinnen in die Stadt hinabsteigen und dann wieder an die frische Luft zurückkehren, in die nächtlichen Straßen, die niemals dunkel sind. Ich muss, wenn nötig, den Regen auf meinem Gesicht spüren – wenn der Regen heute Abend gleichbedeutend ist mit dieser Stadt, in der ich geboren bin.

In der Metro weiß niemand, was ich vorhabe, und ich fühle mich deshalb wild und frei. Ich mag all die Geheimnisse, die in Paris zusammenkommen. Niemand beachtet mich. Ich trage einen schwarzen Mantel und eine Reisetasche aus Leder und Leinen. Die Tasche wirkt respektabel und bürgerlich, viel respektabler und bürgerlicher, als ich es bin. Sie erhält diese Ausstrahlung durch ihre Qualität. Sie hat nicht übermäßig viel gekostet, überhaupt nicht, aber sie transportiert jenseits der finanziellen Sicherheit ein gewisses Selbstvertrauen, als sei man selbst davon überzeugt, eine gut gemachte Tasche verdient zu haben. Neben Selbstvertrauen vermittelt sie auch ein Vertrauen in die Zukunft, denn sie ist robust und man sieht sofort, dass sie lange halten wird. Diese Tasche wurde allerdings gestohlen. Sagen wir lieber: gefunden. Oder, noch besser und um den gängigen Euphemismus zu verwenden: *ausgeliehen*. Sie ist robust, aber leicht, vermittelt Eleganz und hat eine verführerische Geschichte, weil sie versehentlich in meinen Besitz geriet. Jemand hat sie in einer Buchhandlung nahe dem Panthéon vergessen, nach einer Begegnung mit jemandem, der nicht schrieb – zumindest nicht richtig. Sein Name stand auf dem Umschlag eines Buches, auch sein Gesicht war darauf abgebildet, doch die Sätze darin stammten nicht von ihm. Sein Buch war in Wirklichkeit von jemand anderem geschrieben worden, den ich gut kannte und noch besser kennenzulernen hoffte. Deshalb war ich hingegangen – mit einem gewissen Erfolg, denn der Ghostwriter blieb, nachdem der offizielle Autor gegangen war. Wegen ihm waren die ungefähr vierzig Leute gekommen. Sie sahen sein Gesicht oft im Fernsehen und hatten das Gefühl, ihn zu kennen. Doch beim Übergang von der zweiten zur dritten Dimension geschieht einiges, auch mit Gesichtern. Ich glaube, die Leute waren überrascht und ein bisschen verunsichert, weil sie ihn wiedererkannten und dennoch etwas anderes erwartet hatten. Vielleicht war deshalb jemand aus dem Konzept geraten und hatte diese Tasche vergessen. Wie auch immer, diese Überraschung oder Enttäuschung hatte die Menschen nicht davon abgehalten, das Buch zu kaufen, ohne zu ahnen, dass die Sätze, die sie an diesem und den folgenden Abenden lesen und mit seinen Gesichtszügen in Verbindung bringen würden, nicht von ihm stammten, sondern von dem jungen Mann neben mir. Es gelang mir nicht, ihn nicht anzusehen. Das passiert mir nicht oft, und genau deshalb war ich dort – nicht wegen des Buchs oder des angeblichen Autors. Jedes Mal, wenn ich daran scheiterte, ihn nicht anzusehen, kreuzten sich unsere Blicke, denn auch ihm gelang es nicht, mich nicht anzusehen, und das war zugleich unangenehm und wundervoll. Wir blieben und fanden deshalb diese Tasche, die unter einem Tisch vergessen worden war.

Der Ghostwriter behielt sie. Normalerweise hätte ich davon abgeraten, aber an jenem Abend sagte ich nichts. Es ging nicht um Gier. Vielmehr schien es, als sei diese Tasche für ihn gemacht worden und er habe die Buchhandlung bereits mit ihr betreten. Hatte man ihn einmal mit der Tasche über der Schulter gesehen, hatte man das Gefühl, ohne sie fehle etwas.

Der junge Mann, von dem ich den Blick nicht abwenden konnte, hatte die Tasche als Zeichen betrachtet. Mit dem Honorar für das Buch, das er geschrieben hatte, aber als dessen Autor er nicht galt, und mit der Tasche, von der er vor dem Fund nicht wusste, dass ihm ohne sie etwas gefehlt hatte, ging er auf Reisen. Die Reise dauerte lange, sie war gewissermaßen eine Weltreise, aber er machte hier und dort kurze Zwischenstopps, dann längere und schließlich so lange, dass es schien, er bewege sich gar nicht mehr von der Stelle. Je länger er fort war, umso weniger Kontakt hielt er, und eines Tages schrieb er mir gar nicht mehr. Er schien für immer verschwunden zu sein. Sein Leben schien durch diese Begegnung stärker aus der Bahn geraten zu sein als meines: durch die Begegnung mit mir – oder mit der Tasche. Einige Monate später fand ich auf einer Website mit Sonderangeboten eine Nachbildung der Tasche und kaufte sie.

Manchmal war ich überraschenderweise davon überzeugt, ich – und nicht er – hätte die Tasche behalten. Ich sei fortgegangen. Doch in Wirklichkeit war ich geblieben, und die Geschichte zwischen uns war damit scheinbar am Ende.

An jenem Abend, an dem ich zum Louvre aufbrach, enthielt die Tasche einen schwarzen Pulli, eine braune, sehr leichte Steppdecke in einer Hülle aus Fallschirmstoff, einen kleinen Kulturbeutel mit Zahnbürste, Feuchtigkeitscreme und Kamm, eine Brillenhülle und Kontaktlinsen, eine Flasche Wasser, ein orangefarbenes Notizbuch, das ich inzwischen verloren habe, zwei Kugelschreiber, ein Ladekabel für mein Mobiltelefon und ein in Zellophan eingewickeltes Stück Nougat. Und noch etwas, von dem ich mich fragte, ob es durch die Sicherheitskontrolle kommen würde oder nicht.

Nahrungsmittel sind im Louvre verboten. Man hatte es mir gesagt, erneut gesagt und geschrieben. Diese Vorschrift war wohl ernst zu nehmen, so viel schien klar. Das Stück Nougat sollte die Aufmerksamkeit von der anderen Sache ablenken. So wollte ich herausfinden, wie ernst, wie *wörtlich* ich die Anordnungen dieser Institution nehmen musste. Kam der Nougat durch die Kontrolle, würde die ganze Sache vielleicht weniger schwierig, als ich sie mir vorstellte.

*

Der Louvre ist die erste französische Stadt, in der ich mich zu Hause fühlte, sagte mein Vater. Die offizielle Version der Geschichte geht so: 1971 kam er in Paris an. Er kam aus Liebe zu meiner Mutter, einer Lyrikerin. Er blieb wegen des Louvre. Er war zwanzig Jahre alt, und die folgenden zwanzig Jahre – die zum Teil meine Kindheit umfassten – verliefen wie ein Traum.

Seine Lebensfreude. Sein Hunger auf die Welt. Sein Optimismus und dessen Grenzen. Er hatte kein Geld und glaubte noch, das sei gänzlich unbedeutend, hatte er doch genug davon, um so zu tun, als hätte er welches.

Natürlich schwirrte ihm der Kopf. Sich die strahlende Stadt im Traum vorzustellen ist das eine. Sie zu entdecken, als lebendiger Mensch von zwanzig Jahren Tag und Nacht durch ihre Straßen zu ziehen, ist etwas ganz anderes. Alle Schwierigkeiten – Einsamkeit, Armut, die allgemein bekannte Tatsache, dass der kleinste Husten oder Schnupfen in einer fremden Sprache viel schwerer auszuhalten sind – verschwanden aus der offiziellen Version seiner Geschichte. Das reichte bis zu den Gründen für seine Auswanderung: Paris, gewiss. Meine Mutter, natürlich. Der Louvre, selbstverständlich. Ich sollte Jahre brauchen, um herauszufinden, dass er dem Militärdienst in seinem Herkunftsland Jugoslawien entgehen wollte – ein Land, das es heute nicht mehr gibt. Der wahre Grund, oder einer der wahren Gründe für seine Auswanderung nach Paris, war also die Flucht. Vielleicht gab es weitere Gründe. Er war auf der Flucht, und die führte ihn in den Louvre. Denn in dieser Stadt war alles größer, als er es sich vorgestellt hatte: Straßen, Gebäude, alles außer dem Himmel, der von allen Seiten eingesperrt und angefressen wurde. Wenn ihm der Kopf zu sehr schwirrte, flüchtete er ins Museum. Auch dort verlief er sich – der Louvre musste so groß gewesen sein, wie er sich als junger Mann ganz Paris vorgestellt hatte. Eine Stadt in der Stadt.

Der Louvre war schlecht beheizt, aber besser als die Dienstmädchenzimmer, in denen meine Mutter und mein Vater lebten. Sie befanden sich immer in schönen Vierteln, denn der Schein war wichtiger als alles andere, wichtiger noch als der Komfort. Fremd sein ist schon schlimm genug, wenn man auch noch arm wirkt, hat man verloren: So dachte mein Vater. Mein Vater hielt einen schönen Mantel für eine gute Immobilieninvestition. Einen Mantel, in dem man intensiv lebte und so lange wie möglich vermied, nach Hause ins Bett zu gehen. Einen Mantel, in dem man in den schicken Bars an der Place de l'Étoile rauchte, in Gesellschaft von Diplomaten und Geschäftsmännern, zu denen man nicht gehörte, aber, so glaubte mein Vater, hätte gehören können; ein Mantel, in dem man im Quartier Latin mit den reichen Erben des napoleonischen Adels Schach spielte, jenen selbsterklärten *Totengräbern der Rasse,* die mit ihrem Milieu gebrochen hatten und zu denen man nicht gehörte, aber, so glaubte mein Vater, hätte gehören können; ein Mantel, in dem man im Morgengrauen auf den Bänken vor der Hochschule für Architektur in der Nase bohren konnte, gemeinsam mit einer ambitionierten Jugend, zu der man nicht gehörte, aber, so glaubte mein Vater, hätte gehören können. Ein Mantel, in dem man schlafen konnte wie unter einer Decke, auf einer Bank in einer Bar, bei Freunden, mit seiner noch ganz kleinen Tochter, die er überallhin mitnahm, die die gleichen Dinge sah wie er, aber mit ihren Kinderaugen – seine kleine Tochter, für die er kein Kindermädchen hatte, weil er es nicht bezahlen konnte und auch keine Lust darauf hatte, denn – das wusste er, und es war einer der seltenen Augenblicke, in denen er sich damals selbst nichts vormachte – *er war nicht von dieser Welt.*

Der Louvre war schlecht beheizt, aber er war sein Ort, sein eigener Ort, ein Ort, an dem ihn die Schönheit über die Politik erhob. (Vergessen wir nicht, dass er zwanzig Jahre alt war, Europa durchquert hatte und aus einem sozialistischen Staat kam.) Es war sein Ort, an dem er Schritt für Schritt und mit großer Mühe neu lernte, Farben zu sehen, für die er auf Französisch keine Worte hatte und die er, vielleicht deshalb, nur schwer erkennen konnte.

Im Louvre machte er alles. Eines Tages gestand er, mir dort sogar die Zähne geputzt zu haben, was mir völlig verrückt vorkam, was ich jedoch nun selbst binnen weniger Stunden tun würde. Er las dort Bücher und kreiste alle Wörter ein, die er nicht kannte. Im Lauf der Jahre musste er einen Teil seiner Besitztümer verkaufen und zurückkaufen – nie jedoch die Bücher, an denen er hing. Ihr Papier ist inzwischen trocken und knistert wie Tabak. Diese Bücher haben keinen Wert jenseits des immateriellen in Gestalt seiner Anmerkungen, die ihn in Wahrheit noch weiter senken müssten, und sind – außer für mich – nicht von Interesse. Er kreiste Wörter ein, die er nicht kannte. Es gibt nicht unendlich viele Arten, eine Sprache zu lernen – ich machte es in den 1990er-Jahren mit dem Englischen genauso. Noch heute kann man die Entwicklung seines Vokabulars von Buch zu Buch nachvollziehen. Er las Biografien über Leonardo da Vinci, Paul Klees *Über die moderne Kunst* und, obwohl er nie eine Vorliebe für fiktionale Texte und Romane hatte, Patrick Modianos *Abendgesellschaft*. Er baute sich ein gepflegtes Französisch auf und behielt es bei. Ich vermute, das war in gewisser Weise so, als trüge er einen schönen Mantel. Ungeachtet seines Akzents redete er also wie ein Buch. Wie die Bücher, die ich später schrieb. Vielmehr schrieb ich, wie er sprach oder wie ich glaubte, dass er sprach. In meinem ersten veröffentlichten Text hatte ich das Wort *stellmacherisch* als Adjektiv zur Beschreibung einer Nuance von Blau verwendet, und die Lektorin hatte sich hier eine Änderung gewünscht. Das gibt es zwar, sagte sie, aber niemand wird es verstehen. Aufgrund meiner Jugend und Schüchternheit (auch aus Vernunft und Ehrgeiz) willigte ich ein. Sie hatte jedoch unrecht: Mein Vater hätte es verstanden.

Doch hätte er es wirklich verstanden? Eines Tages blätterte ich bei ihm zu Hause durch sein Exemplar meines ersten Romans. Er liebte den Roman und wollte, dass er ihm gewidmet würde. Das überraschte mich, da es in dem Buch um einen schlechten Vater geht. Das hat er nie kommentiert, möglicherweise auch gar nicht bemerkt; er mochte die Sprache und die Metaphern. Oder vielleicht die Idee. Vielleicht mochte er auch die Vorstellung von seiner Tochter als Romanautorin. *Wenn ich an die Lehrerin denke, die mir sagte, die Kleine wird nie Französisch sprechen*, erinnerte er sich stolz. Und auch mit einem Groll, der ein Vierteljahrhundert alt war und ihn noch erfasste, als sei es gestern geschehen. *Die Kleine wird nie Französisch sprechen,* wiederholte er und strich über den Romanumschlag, als verteile er Salbe auf einer Brandwunde.

Ich muss gestehen, dass ich mich lange Zeit gefragt habe, ob er das Buch gelesen hat.

Natürlich hat er es gelesen. Natürlich. Hier einige der Wörter, die er eingekreist hat.

schwebende *rissig geworden* *Frutarier*

Ich habe sie nie wieder verwendet.

*

In ungefähr fünfzig Meter Entfernung begrenzt eine Absperrung den Zugang zur Pyramide. Die Pyramide des Louvre ist Teil des Museums und zugleich selbst ein Kunstwerk. Sie hilft zu sehen. Sie soll Licht durchlassen. Und sie will gesehen werden. Die Blicke auf sich ziehen. Wie alle, die in jenen Jahren in Paris aufgewachsen sind, erinnere ich mich noch an die Baustelle. Man besichtigte die Baustelle, als seien die Gräben und Schutthaufen selbst bereits Kunstwerke. Ich glaube, mich sogar an den Louvre ohne Pyramide zu erinnern, doch die Echtheit dieser Erinnerungen ist fraglich. Jedenfalls erinnere ich mich an die mit der Pyramide verbundene Kontroverse. Große Persönlichkeiten ereiferten sich über diesen Anachronismus, diese pharaonische Eitelkeit Präsident Mitterrands. Ich hatte keine Meinung und sah gerne den Himmel über der Seine. Hätte ich eine Meinung haben müssen, hätte ich es bestimmt sehr chic gefunden, so ein Bauwerk zu errichten. Und letztlich gar nicht so eitel, denn eine Pyramide ist ein Grab, und ein Grab zu Lebzeiten ist ein *memento mori*. Außerdem ist sie aus Glas – wer könnte sie also für besonders stabil halten? Nicht einmal ein Mädchen in den 1980er-Jahren. Sie wirkt beinahe wie ein Witz. Ein dreidimensionaler Witz. Ein pharaonischer, gleichzeitig sichtbarer und unsichtbarer Witz, der zu manchen Tageszeiten hell aufzulodern scheint und zu anderen kaum erkennbar ist. Vielleicht ist sie auch die konkrete Entsendung einer Reihe von Worten in den Raum. Eine Idee. Wer im Glashaus sitzt, soll nicht mit Steinen werfen, sagt ein englisches Sprichwort. Es ist eine bedrohlichere Version der Fabel vom Splitter und vom Balken – man sieht schon die Scherben regnen. Das Grab eines Präsidenten wird nie so solide und widerstandsfähig sein wie sein Ruf. Die Zukunft wird uns richten. Und wer kann zu Lebzeiten sagen, ob diese Zukunft nicht die Gestalt eines Scherbenregens haben wird?

*

Der Nachtwächter kam auf mich zu. Er war sehr sanft, wenigstens galt das für seine Stimme, wie es häufig der Fall ist bei den Leuten, die in dieser Stadt nachts arbeiten. Er fragte, ob ich die Schriftstellerin sei, und diese Frage erfüllt mich noch heute mit einem gewissen Stolz, dessen ich mich sofort schäme; und wenn man auch nicht weiß, wer tatsächlich im Inneren schreibt, so weiß man doch – wenigstens weiß ich –, wer sich im Inneren schämt. Ein einzelner Teil von uns kann schreiben, ein einzelner Teil von uns kann stolz sein, aber die Scham erfasst die gesamte Person, die sie empfindet. Die Scham führt uns viel besser zusammen als alles andere. Er fragte, ob ich die Schriftstellerin sei; die Frage belustigte ihn, wie das eben so ist bei Fragen, die man selten stellen kann; ich sagte Ja und folgte ihm hinter die Absperrung auf den Vorplatz, der etwas größer erschien, weil er so leer war. Eine Woche später sollte sich aufgrund der Lockdown-Maßnahmen im Zuge der SARS-CoV-2-Pandemie Tag für Tag in der ganzen Stadt, im ganzen Land eine Erfahrung einstellen, die ich bereits an jenem Abend machte: von Menschen für Menschen gemachte Räume, die menschenverlassen sind.

Ich war pünktlich. In der Tasche und im Kopf hatte ich Sachen, die dort nicht hingehörten. Man begrüßte mich warmherzig. Man bat mich nicht, meine Sachen durch den Metalldetektor zu schieben. Auch mich selbst bat man nicht, da hindurchzugehen.

*

Na? Wie würdest du die Mona Lisa stehlen?

Mit einem Messer.

Mit einer Rauchbombe.

Die ich einer Katze auf den Rücken binde.

(Wusstest du, dass Katzen im Mittelalter als Bomben eingesetzt wurden?)

Indem ich mich als Venus von Milo verkleide.

(*Wusstest du, dass sich deine Mutter einmal als Venus von Milo verkleidet hat? Sie musste nur schwarze Strumpfhosen anziehen und sich vor eine schwarze Wand stellen. Die Arme verschwinden, man dreht das Kinn, man findet den passenden Winkel, und fertig. Es ist kinderleicht, die Venus von Milo zu sein.* Das stimmt natürlich nicht ganz, denn vorher muss man mit sich selbst, seinem Bauch, seinen Brüsten zufrieden sein.

Die Heldentat bestand nicht in der Verkleidung, sondern in der Nacktheit. Das schüchterne, prüde Kind, das ich war, spürte das sehr genau. Die Heldentat bestand in der Zurschaustellung.)

Mit Sprengstoff.

Mit einer fliegenden Maschine (ich hatte eine seiner Biografien über Leonardo da Vinci durchgeblättert).

Mit einem Pterodaktylus.

So drehte sich die Spirale von der banalsten bis zur verrücktesten Idee. *Na? Wie würdest du die Mona Lisa stehlen?* Die Frage und die Antworten darauf gaben dem nachmittäglichen Rundgang einen Rhythmus. Wenn es Abend wurde, machten wir uns im schwindenden Licht langsam auf den Rückweg, und mit uns kehrten auch die absurdesten Ideen noch einmal an den Ausgangspunkt zurück. *Mit Rauchbomben. Mit einem Messer.* Natürlich handelte es sich nicht wirklich um den Ausgangspunkt, denn in der Zwischenzeit hatte sich etwas ereignet, nämlich eine Träumerei, eine Zärtlichkeit – und die Zeit.

*

Ich werde von mehreren Personen in Empfang genommen. Sie begleiten mich, freuen sich mit mir und für mich über die Erfahrung, die mir bevorsteht. Ihre Ernsthaftigkeit berührt mich. Ich bin ihnen dankbar. Im Innersten meiner Dankbarkeit keimt bereits der

Wunsch auf, sie gehen zu sehen, allein zu sein. Das sagt man natürlich nicht – nicht zu den Leuten, die einen begleiten und einem Hilfe anbieten. Was sie wohl über mein Vorhaben dächten – und zwar über jenes, das ich ihnen verschwiegen habe? Was dächten sie wohl über mich? Unsere Stimmen hallen durch den Kariatidensaal, der seinen Namen den vier majestätischen Figuren verdankt, die den kleinen Balkon über dem Eingang stützen. Alle sind fröhlich und ein wenig fiebrig; sie freuen sich für mich. Sie teilen meine Aufregung, die doch eigentlich mir gehören sollte. Ich bleibe vor einem tanzenden Satyr stehen. An einem Nachmittag vor ein paar Wochen war ich schon einmal hier gewesen. Ich war zur Vorbereitung gekommen und hatte meinen Sohn in der Babytrage dabei. Er betrachtete die Skulptur. Er lächelte sie an. An seinem Lächeln erkannte ich, dass er absolut keinen Unterschied zwischen einem steinernen und einem lebendigen Gesicht machte. Als ich dem Museumskonservator diese Anekdote erzählte, antwortete er, der tanzende Satyr gehöre zu einem Ensemble. Wo ich gerade stand, wo mein so kleiner Sohn sich zuvor befunden hatte, war der Platz der Nymphe, die der Satyr, sich verbeugend und mit breitem Stand, zum Tanz auffordert. Die Nymphe existiert noch immer, befindet sich aber in New York. Ist es traurig, dass die beiden Figuren getrennt sind? Das lässt sich von zwei Seiten betrachten: als verhinderte Vereinigung, als Begegnung, die nie stattfinden konnte – oder als Einladung, die Tausende Kilometer und ein ganzes Meer überwindet. Die ein Kraftfeld schafft, in dem wir uns bewegen, ohne davon zu wissen. Ja, das könnte die Welt sein: eine unsichtbare Einladung zum Tanz. Und wir wissen es nicht.

Vielleicht sind es auch wir, die reihum die fehlende Nymphe ersetzen. Vielleicht fordert der Satyr uns zum Tanz auf – uns, die, sobald wir seinem Blick begegnen, entscheiden können, zurückzulächeln und die Einladung anzunehmen. Gleich, im Dunkeln, meine nackten Füße auf den elfenbeinernen und korallenen Fliesen des Antikensaals, werde ich mit ihm und mit ihnen allen tanzen.

Aber jetzt noch nicht. Dafür ist noch lange nicht Zeit. Vorher muss ich Fotos machen. Ich hasse Fotos. Ich hasse es, unter dem Blick des anderen zu verharren. Ich bin die Betrachterin. Denn ich habe Ja gesagt, als man mich laut vor der Pyramide fragte, ob ich die Schriftstellerin sei: Indem ich mit Ja antwortete, bekräftigte ich, dass ich hier war, um zu sehen, nicht, um gesehen zu werden.

Wenn ich fotografiert werde, scheint es mir, als versuche mein Gesicht zu fliehen. Gesichtsausdrücke lassen sich nicht einfangen. Und ich habe keinerlei Intuition für Bilder. Ich brauchte dreißig Jahre, um herauszufinden, was mein sogenanntes »gutes Profil« ist. Auf Fotos flüchtet mein Gesicht in eine Form von Hässlichkeit, die eine Befreiung ist, die ich aber noch lieben lernen muss. Dennoch spiele ich mit. Dabei hilft mir der Nougat, den ich heimlich in der Tasche trage. Dabei hilft mir auch mein Vorhaben. Ich frage mich, was die Statuen um mich herum fühlen, die den ganzen Tag, die ganze Zeit fotografiert werden.

Langsam verhallen die Stimmen, als nähmen nun alle die Dichte dieses Raums wahr, das Gewicht der Geschichte und der Nacht, das auf die Fliesen drückt. Man beginnt zu flüstern. Vielleicht ist es eine Sinnestäuschung, aber es scheint mir, als hätten es alle plötzlich eilig. Ihre Blicke sind unruhig geworden, sogar der des Konservators. Das ist nicht mehr unsere Zeit, denke ich. Die Statuen haben sich nicht bewegt, nicht einmal gezittert, und wirken doch höher, selbstbewusster. Präsenter. Im Gegensatz dazu scheine ich selbst leichter zu werden. Zu schrumpfen. In einer Ecke befindet sich ein Telefon. Man hat mir erklärt, es könnte klingeln. Es beunruhigt und beruhigt mich zugleich. Es ist meine Verbindung zur Sicherheitszentrale, die ich mit einer vierstelligen Nummer erreichen kann, erklärt mir jener Mann, der sich die ganze Nacht am anderen Ende der Leitung bereithalten wird. Er ist der Einzige, der sich nicht besonders für mich zu freuen scheint und der beim Abschied zögert, mich nicht aus den Augen lässt und mich die vierstellige Nummer wiederholen lässt, mit der ich ihn erreichen kann. *Nur für den Fall*. Erst glaube ich, er hielte mich für verdächtig, merke aber, dass es sich dabei nur um meine eigenen, vorauseilenden Schuldgefühle handelt. Ich gehorche, wiederhole die Nummer und bin mir seiner Fürsorglichkeit bewusst, die mich zugleich beunruhigt. Er macht nicht den Eindruck, als nehme er dieses Abenteuer auf die leichte Schulter. Er ist der Einzige, der hier nachts regelmäßig vorbeikommt. In diesem Wissen unterstelle ich ihm alles Mögliche, nur keine Nachsicht. Seine in jedem Moment extreme Freundlichkeit zeigt mir: Was ich vorhabe, ist keine Kleinigkeit. Er entfernt sich als Letzter, beinahe widerwillig. Als die Mitglieder der Gruppe den Saal durch die schwere Tür verlassen, wirken sie erleichtert, gehen zu dürfen – zum Abendessen vielleicht und dann nach Hause ins Bett. Doch der Sicherheitsmitarbeiter überlegt es sich anders, kehrt noch einmal um und drückt mir einen Zettel in die Hand. Darauf hat er die Notrufnummer gekritzelt. Die weiß ich noch, sage ich ihm, die vergesse ich nicht. Doch er lächelt mich an, sanft, nachdenklich, fast traurig. Inzwischen habe ich zwar die vier Zahlen vergessen, aber ich werde nie vergessen, was er mir sagte:

Man weiß nie. Sie werden schon sehen. Nachts ist hier alles anders.

*

Was gibt man an seine einzige Tochter weiter, wenn man die eigene Vergangenheit verleugnet? Wenn man glaubte, sich in einem anderen Land, einer anderen Sprache, neu erfinden zu können? Mein Vater nahm mich in den Louvre mit. Die Kunstgeschichte ist die Geschichte der Geister bedeutender Persönlichkeiten, erklärte er mir. Statt seiner eigenen Geschichte, die er im Lauf der Zeit geschickt verwischte und neu zeichnete, brachte er mir die Kunstgeschichte bei. Die Zeit war seine Kunst und arbeitete für ihn, weil er zwischen sich und seinen Ursprung im Lauf der Jahre eine so große Distanz gelegt hat. So lernte ich, manchmal, hier und da eine Abänderungsspur – im kunsthistorischen Sinn – zu erkennen. Sie erschien wie eine Form, die sich noch finden muss und unter jener liegt, die man ihr vorgezogen und sichtbar gemacht hat.

Allerdings ist daran nichts Schändliches. Mein Geheimnis besteht nicht darin, dass mein Vater im Louvre las, sich die Zähne putzte oder sogar Geschäftstermine wahrnahm. Mir wäre nie in den Sinn gekommen, ihn zu fragen, welche Geschäfte das waren, denn die Schattenseiten meines Vaters waren für mich als Kind genauso natürlich wie der echte Schatten eines Baums, der sich mit der Sonne bewegt. Mein Geheimnis besteht nicht darin, dass ich gesehen habe, wie mein Vater mit Menschen unterschiedlicher Nationalitäten durch den Louvre spazierte und dabei sehr konzentriert wirkte.

Vielmehr besteht mein Geheimnis darin, dass mein Vater davon träumte, den Louvre, den er so liebte, auszurauben, und mich zur Komplizin dieses erträumten Raubs machte.

Na? Wie würdest du die Mona Lisa stehlen?

Natürlich war diese Frage ein Spiel, aber war sie nicht zugleich etwas anderes? Als Kind hätte ich sie niemals hinterfragt. Und doch lebte sie in meinem Geist fort, und mein Geist entwickelte sich um sie herum, nahm sie in sich auf, bis sie zu einem seiner Zentren, seiner versteckten Kerne wurde.

Mein Geheimnis besteht darin, dass ein Vierteljahrhundert nach den Besuchen im Louvre mit meinem Vater ein Mann auf mich zukam, der vorgab, mir wohlgesinnt zu sein, es in Wahrheit aber nicht war. Er sagte: *Du bist bestimmt sehr erleichtert, dass dein Vater für den Museumsdiebstahl nicht ins Gefängnis gekommen ist.*

Mein Geheimnis besteht darin, dass dieser merkwürdige, verrückte Satz mich nicht so schockierte, wie er es hätte tun sollen. Heute frage ich mich: Welches Spiel spielte mein Vater wirklich, während ich glaubte, er spiele mit mir?

*

Man hatte mir angekündigt, dass das Licht in diesem Teil des Museums um Mitternacht ausgeschaltet wird. Der Sicherheitschef hatte mir deswegen seine Taschenlampe geliehen. *Manchmal ist die Batterie schon nach einem Mal aufgebraucht*, sagte er. Ich konnte das kaum glauben, aber wer weiß, welche Regeln hier nachts gelten? *Manchmal ist die Batterie schon nach einem Mal leer, und die Lampe geht aus. Aber heute*

Abend bestimmt nicht. Ich habe für Sie eine neue eingesetzt. Allerdings weiß man nie.

Nach dem sonnigen Tag geben die Steine nun die Hitze ab, die sie, scheinbar passiv, über Stunden hinweg aufgenommen haben. Nachts steigt der Sommer von den Böden auf und tritt aus den Wänden wie lang angehaltener Atem, ein Seufzer der Erleichterung. Wenn alle Besucherinnen fort sind, geben die Säulen, Fliesen, Sockel und Statuen des Louvre das Geräusch der Schritte zurück und das Echo aller tagsüber gesprochenen Worte. Es ist schwer zu beschreiben: als steige die oberflächliche, warme Gischt des Tages und der Besuche auf und verdampfe. Erst nach einer Weile stellt sich echte Stille ein. Selbst ein verlassener Saal leert sich erst nach und nach.

Das ist die erste Welle. Danach kehren alle Darstellungen des Louvre wieder, drehen sich um sich selbst und verschwinden schließlich. Denn dieses Museum ist ein öffentlicher Ort – vielleicht mehr als jeder andere. Ein öffentlicher Ort, genau wie Paris selbst. Ein Ort, der immer wieder Thema von Fiktion und Fantasie ist. Ein Ort, den man nicht besucht haben muss, um ihn zu kennen. Jedes Jahr finden hier über 400-mal Dreharbeiten statt. Es genügt jedoch, ein Video der Carters (Beyoncé und Jay-Z) mit bislang 236 424 078 Klicks auf YouTube, eine Folge *Lupin* oder *Belphégor – Das Geheimnis des Louvre* anzusehen oder auch nur den Namen des Museums zu erwähnen. Es genügt, wieder einmal den *Da Vinci Code* zu schauen oder einen köstlichen Science-Fiction-Film mit Tom Cruise, in dem sich alles wiederholt und in dem man das sieht, was gewisse Charaktere – darunter vielleicht auch ich – unbedingt sehen wollen: die Zerstörung der Glaspyramide. Die kleinste Kleinigkeit genügt. Im Gegensatz zu anderen Orten gehört der Louvre nur jenen, die ihn besuchen. Er gehört nur jenen, die sich die Mühe machen, ihn zu durchschreiten und kennenzulernen; eigentlich kann er gar niemandem gehören. In der ersten Stunde nach Schließung erheben sich diese Bilder von den Oberflächen, flattern einen Moment umher – und sei es nur auf der Innenseite meiner Augenlider – und zerstieben kurz darauf. Dann bleibe nur noch ich übrig. Ein Körper mit einer Idee im Kopf. Ein Körper an einem riesigen Ort voller Spiegelungen und Echos. Ein Ort, der so einschüchternd ist, wie es eben jene Orte sind, die man nicht gänzlich mit einem Blick erfassen kann. Und wie es jene Orte sind, an denen alles – bestimmt sogar das Notfalltelefon – älter ist als man selbst.

Ich gehe noch einmal durch die Säle – diesmal allein. Ich versuche, dabei ganz natürlich und so unbeeindruckt wie möglich auszusehen; ich bin noch nicht ganz überzeugt von meiner Einsamkeit. Unmerklich klappere ich etwas lauter als gewöhnlich mit meinen Absätzen, als wolle ich meine Ankunft ankündigen. Aber wem? Auf der ersten Runde fasse ich nichts an. Ich glaube, ich mache einen sehr guten Eindruck.

Dann ziehe ich die Schuhe aus. Ich gleite über die Fliesen wie damals als Kind, oder eher so, wie ich es mir als Kind vorstellte, denn es gab immer jemanden – oder den Gedanken an jemanden –, der mich davon abhielt – etwa mein Vater, ein Saalwächter oder eine amerikanische Touristin. Ich gleite und tanze, gleite und renne, mache den Moonwalk in glänzenden Socken aus goldenem Lurex. Bereits in jungen Jahren hatte ich mir angewöhnt, meine exzentrischen Eigenschaften zu verbergen. Ich mochte die Vorstellung, insgeheim verrückt zu sein.

Meine Haare berühren als Erstes eine der Skulpturen.

*

Ich laufe mich so warm, dass mein Herzschlag und meine Atemzüge sich beschleunigen. Werde ich jetzt beobachtet? Werde ich gefilmt? Je mehr mein Puls sich beschleunigt, umso weniger denke ich darüber nach. Es ist ein Befreiungstanz. Unsere Körper sind nicht dafür gemacht, gefilmt zu werden oder zu wissen, dass sie gefilmt werden: Die Information bleibt in den oberflächlichen Bereichen unseres Gehirns. Aber alles in unserer grauen Materie, was unser Überleben ermöglicht – intuitives Wissen um die Anwesenheit anderer und um Risiken –, weiß nicht, wie es über längere Zeit mit diesen kalten, starren Pupillen umgehen soll, die uns von oben betrachten. Deshalb verhindern Überwachungskameras kriminelle Handlungen auch nur geringfügig. Die Leute vergessen sie. Dann vergessen sie sich selbst. So erklärt sich auch der große Erfolg von Realityshows. Und deshalb verbringen wir noch in unseren privatesten Räumen ständig Zeit vor den Objektiven unserer Computer und Telefone, von denen wir annehmen, dass sie uns vielleicht nichts Gutes, aber auch nichts Schlechtes wollen. Ja, wir nehmen an, dass sie gar nichts von uns wollen. Und wir lachen über die sogenannten Primitiven, die glauben, ihre Seele würde aufgefressen, wenn sie fotografiert werden.

Ich renne, springe und drehe mich im Kreis. Ich erschöpfe mich. Ich löse mich von Konventionen, Höflichkeiten und wohlüberlegten Worten; ich säe all das zwischen den Skulpturen aus, die nichts sagen und nicht aufbegehren.

Ich habe mein Halstuch auf einen steinernen Löwen geworfen und seinen Augapfel geküsst. Ja, ich habe den Augapfel eines Raubtiers geküsst – wer kann das schon von sich behaupten? Mein Mantel liegt unterhalb der Venus von Milo – ist ihr nie kalt? Möchte sie sich nie etwas überziehen? Ich habe den Gürtel meiner Jeans gelöst und würde ihn gerne wie eine Peitsche auf den Fliesen knallen lassen. Ich bin die Dompteurin der Abwesenheit; darin besteht heute Nacht meine Rolle. Doch plötzlich stehe ich einem Mann von der Gebäudereinigung gegenüber. Er putzt mit einem Wischmopp und trägt Ohrhörer. Ich habe ihn nicht kommen gehört. Er sieht mich an, betrachtet meine goldenen Socken, meinen Gürtel und das Rot, das sich auf meinen Wangen ausbreitet – weil mir warm ist, oder weil ich mich schäme? Es ist noch so früh, und doch erstaunt mich hier nichts mehr. Er lächelt mich an, zuckt die Schultern und arbeitet weiter. In weniger als 20 Minuten werde ich mich fragen, ob diese Begegnung wirklich stattgefunden hat.

*

Mein Herz klopft noch von meinem wilden, hemmungslosen Lauf. Ich setze mich auf den Boden, strecke mich sogar aus. Unterhalb einer Kamera wickle ich meinen Nougat aus. Ich stecke das Zellophan in die Tasche. Vorsichtig, ein wenig provokant blicke ich in die Kamera und knabbere am Nougat. Den Kopf habe ich auf den Unterarm gestützt und verwandle allein mit dieser Pose den gesamten Louvre in eine Lichtung, einen Strand, irgendeinen einsamen Ort in der Natur, an dem man sich genüsslich unter freiem Himmel ausstrecken kann. Ich verhalte mich, als läge keine jahrhundertelange Geschichte zwischen mir, dem Himmel und der Erde.

Vielleicht täusche ich mich. Vielleicht ist es genau umgekehrt. Vielleicht verwandelt mich der Louvre allein durch meine Pose in eine antike Statue. Die Nacht ist noch zu jung, als dass ich verstünde, wie machtvoll dieser Raum ist und alles, was sich darin befindet, befunden hat und noch befinden wird. Am Ende gewinnt immer der Louvre.

*

Langsam komme ich innerlich zur Ruhe. Ich esse den Nougat, ohne mich zu beeilen. Ich fange an den Rändern an und nage, bis sie abgerundet sind. Ich spiele ein Spiel mit mir selbst und verleihe dem Stückchen Nougat die Form des EUR-Pflastersteins, den mir der Ghostwriter geschickt hatte. Nach unserer misslungen-gelungenen oder gelungen-misslungenen Begegnung war er zuerst nach Italien gereist. Das EUR ist ein Stadtviertel in Rom aus der Zeit Mussolinis, ein Traum aus Kalkstein und Geometrie, ein geheimnisvoller, abenteuerlicher Ort von seltsamer, umwerfender Schönheit. Ich hatte ihm gesagt, das dürfe er nicht verpassen. Der Pflasterstein, den ich per Post erhielt, sollte mir zeigen, dass er dort gewesen war. Zugleich war der etwas unregelmäßige Würfel aus weißem Stein der materielle Beweis, dass unsere Begegnung tatsächlich stattgefunden hatte. Vermutlich hatte er den Stein unerlaubt entfernt, und dessen Besitz war Hehlerei, aber unsere Leben sind aus jenen kleinen Gesten und Grenzüberschreitungen gewebt, die in intuitiver, spontaner Beziehung zu Orten und Abwesenheiten stehen. Wir sehen etwas, das uns gefällt, und nehmen es. Wir nehmen es, weil wir eigentlich den Augenblick greifen und für immer behalten wollen. Wir wollen den Himmel essen und uns die Landschaft einverleiben, aber das ist unmöglich. Was auch immer geschieht, die Zeit vergeht, und was auch immer geschieht, der Ort bleibt außerhalb von uns. Also bücken wir uns und nehmen, ohne nachzudenken, einen Stein und stecken ihn ein – anstelle der Sonne, des Waldes oder des Meeres. Der britische Schriftsteller Ian McEwan hatte einmal im Radio erzählt, auf seinem Schreibtisch befinde sich ein Kieselstein von Chesil Beach – jenem Strand, nach dem er einen seiner Romane benannt hatte. Dafür bekam er viel Ärger. Der Stein war kein harmloser Gegenstand mehr, keine Verbindung von Generation zu Generation, sondern ein Verbrechen. McEwan war schließlich gezwungen – oder sah sich gezwungen, was auf das Gleiche hinausläuft –, den Kiesel dorthin zurückzubringen, woher er stammte.

Ich weiß nicht, wie ich diese Geschichte deuten soll. Wie alles, was Ambivalenzen auslöst, bleibt sie mir im Gedächtnis. Was halten die mich umgebenden Statuen vom Schicksal dieses Kieselsteins? Hätten sie ihn gerne irgendwohin zurückgebracht? Aber wohin? Welchen Ort hätte wohl die Venus von Milo, deren künstlicher Schatten bis zu meinen Füßen reicht, gerne wieder aufgesucht? Könnte es sein, dass sie dem Geruch und der Dunkelheit der Erde nachtrauert, der sie ein griechischer Bauer 1820 enthob? Kaum ein Jahr später war sie bereits im Louvre. Über ihren Herkunftsort ist wenig bekannt: Vielleicht eine Sporthalle, denn dort befanden sich weitere Fragmente. Aber vielleicht wurden diese auch dorthin gebracht, um Kalk herzustellen.

Ich habe den Nougat aufgegessen. Es ist zwanzig vor zehn. Um Mitternacht, so sagte man mir, wiederholte es und schrieb es mir, wird das Licht ausgeschaltet. Transgressiv formuliert liege ich gut in der Zeit. Ich warte darauf, dass man mich wegen unerlaubten Zuckerverzehrs festnimmt. Ich warte darauf, dass man mich holt und nach Hause schickt. In gewisser Weise wäre ich erleichtert, aufgeben zu können. Diese Nacht aufzugeben, die, das ahne ich, länger als andere sein wird. Meine Vorhaben aufzugeben, die mir gefährlich und ein bisschen verrückt erscheinen. Dank des verbotenen Nougats werde ich in mein Haus, in mein bequemes Bett zurückkehren können. Zu meinem neun Monate und zwei Tage alten Sohn, der bei meiner Abfahrt schlief und nichts von meiner Abwesenheit erfahren würde, wenn ich jetzt nach Hause ginge. Die Person, die auf ihn aufpasst, sitzt jetzt bestimmt auf dem Sofa und ist in eines der Bücher vertieft, die überall herumliegen. Ich würde ihr zuflüstern, dass meine Pläne sich geändert haben. Ich würde mir die Zähne in meinem eigenen Bad putzen und mich in mein eigenes Bett legen. Habe ich den Nougat letztlich mitgebracht, weil ich mir insgeheim wünsche zu scheitern? Genügt eine insgesamt doch bescheidene Menge Fett, um ein Buchprojekt zu sabotieren?

Doch das Telefon klingelt nicht. Niemand kommt.

Es ist fünf vor zehn, ich bin allein und scheinbar gänzlich straffrei.

*

Ich mache es mir bequem. Ich bin über die dünne Metallbarriere geklettert, die mich vom Schlafenden Hermaphroditos trennt. Die runden Schultern und Pobacken, die Kurven seines Rückens sind feminin und bieten sich, in der jetzigen Ausrichtung, den Blicken dar. An der Wandseite jedoch, wo ich mich befinde, zwischen den Schenkeln, im Halbschatten des Marmors, erhebt sich ein Penis. Wie die Venus von Milo wurde der Hermaphrodit in der Erde gefunden, im Garten der Kirche Santa Maria della Vittoria, und sofort von Kardinal Borghese beschlagnahmt. Wie viele Meisterwerke warten noch wie Samenkörner darauf, die Erdoberfläche zu durchbrechen und zu keimen? Ihre Form verändert sich an der frischen Luft zwar nicht, aber dennoch geschieht unter den Blicken etwas, das dem Wachstum gleicht. Oder ist das ein Vorurteil unserer Zeit – die Vorstellung, man sei umso mächtiger, je mehr man gesehen werde? Man existiere eher, weil man sichtbar sei? Natürlich könnten wir uns irren und die vergangenen Jahrhunderte, mit ihrem Glauben an unsichtbare Kräfte, an die Kräfte des Unsichtbaren, könnten die ganze Zeit recht gehabt haben.

Der Hermaphrodit mit der Erektion jedenfalls musste zwölf Jahre warten, bis man bei Bernini die marmorne Matratze in Auftrag gab, auf der er wie ein sinnliches Raubtier schläft und auf deren Rand ich mich jetzt setze, um mich zu frisieren. Die irritierende, männliche und zugleich weibliche Skulptur in ihrer fleischlichen Ruhepose und dem auf der Wade ruhenden Fuß lässt einen innehalten. Wir fragen uns, welche Träume durch diesen Körper wandern, welche Gelüste diesen kalten Stein mit der Erektion heimlich bewegen. Der Matratze widmen wir weniger Aufmerksamkeit. Und doch ist sie ein eigenständiges Meisterwerk, das die Zeitgenossen mindestens so sehr irritierte wie der darauf liegende Körper. Die damaligen Betrachter waren, so heißt es, gar *geneigt, sie für echt zu halten.* Vier Jahrhunderte später droht uns dieses Missverständnis nicht mehr und wir können die Kunstfertigkeit und Meisterschaft bewundern. Auf Berninis Marmor sitzend, empfinde ich eine seltsame Art von Wollust. Wir sind weit davon entfernt, uns täuschen zu lassen. Ein Beweis dafür, dass sich der Blick verändert, denke ich und streichle das schöne Bein des Hermaphroditen. *Der beste Beweis dafür sind die Fälscher,* sagte mein Vater. *Denk nur an den falschen Vermeer von van Meegeren. Dieser unglückliche niederländische Maler, talentierte Restaurator und geniale Fälscher machte in den 1930er- und*

40er-Jahren ein Vermögen, indem er noch die größten Experten täuschte. Er hatte sich Farbpigmente aus der Zeit Vermeers besorgt, etwa Bleichromat und Lapislazuli. Um alle Datierungsversuche zunichtezumachen, malte er auf Leinwänden aus dem 17. Jahrhundert, die so abgeschliffen waren, dass die feinen Risse erhalten blieben. Er imitierte Vermeer perfekt. Wenigstens glaubte man das damals. Anfang der 1980er-Jahre habe ich einige seiner Gemälde gesehen, und du auch, aber ich bezweifle, dass du dich daran erinnerst. Erinnerst du dich? – und ich sagte *Ja, ja* und sagte immer wieder *Ja*, obwohl ich mich in Wahrheit an nichts erinnerte; wie es Töchter eben ihren Vätern gegenüber tun –, *ich habe in den 1980er-Jahren einige seiner Gemälde gesehen, und mit dem Abstand von nur vier, fünf Jahrzehnten sehen wir heute viele Dinge in diesen Werken, die damals die größten Spezialisten täuschten, aber wir sind eben nicht mehr in den 1930er- oder 1940er-Jahren. Die Gesichter ähnelten merkwürdigerweise dem von Marlene Dietrich. Die Fälschung sticht uns sofort ins Auge. Nach nur vier, fünf Jahrzehnten! Während dieser Zeit ist die Ölfarbe kaum getrocknet. Ein Kunstwerk ist nämlich nicht immer dann fertig, wenn wir es glauben, weißt du.* Daran denke ich, während ich auf Berninis Matratze sitze, die damals täuschend echt aussah und heute nicht mehr so wirkt, und frisiere mich mit einem Hornkamm, den ich eigens mitgebracht habe. Ich überlege, wie lange meine Haare brauchen, um zu trocknen, und wie lange Farbe braucht. Ich denke an das, was uns früher täuschte und es heute nicht mehr tut.

In diesem Moment geht das Licht aus. Ganz plötzlich. Die Dunkelheit überrascht mich und unterbricht mich beim Entwirren meiner Haare – eine doch recht statuenhafte Tätigkeit. Man hatte mir Mitternacht angekündigt; es ist genau zehn Uhr abends.

Auf einmal ist alles schwarz. Ich habe die Taschenlampe neben meinem Schlaflager liegen lassen. Instinktiv wende ich mich in diese Richtung, zur Mitte des Saals, wo mein Schlaflager ist. Oder wo ich glaube, dass es ist. Ich sehe es nicht mehr. Meine Hand umklammert die Wade des Hermaphroditen, zur Sicherheit.

Im ganzen Louvre ist jetzt Nacht. Plötzlich scheint die Matratze aus Marmor, die wunderbare, marmorne Matratze von Bernini, ein wenig unter meinem Gewicht nachzugeben. Unsere Augen kann man vielleicht nicht täuschen, aber unseren Hintern? Was ist mit unserem Hintern?

*

Die Dunkelheit ändert alles. Elektrizität lässt die Statuen erstarren. Elektrizität macht die Wände und Böden regungslos. Doch dieser Ort und diese Kunstwerke gehen ihr voraus und werden sie vielleicht überleben. Der Kariatidensaal, die Antikensammlung, Marmor und Kalk, Hermes und Venus – die Räume und Kunstwerke scheinen sich unmerklich aufzuplustern, als schüttelten sie das künstliche Licht ab, in dessen Schein sie den ganzen Tag gebadet haben. Wie ein Vogel sich nach dem Bad im Brunnen schüttelt, so befreien sie sich vom Licht. Mit einem Schulterzucken und einem Seufzer lassen sie es zu Boden gleiten wie ein Tuch, wie Staub. Ja, so entledigt sich dieser Ort der Elektrizität: als sei sie Staub. Die Körnung der Luft verändert sich. Man atmet nicht mehr auf die gleiche Weise. Weder ich noch sie.

Sie: die Orte. Die Werke.

Sie: die Erinnerungen.

2

Vermutlich müsste man mit der Liebe anfangen. Ein Gefühl wie ein Himmel in uns. Und, wie ein Himmel, stets veränderlich. Die Liebe und die Formen, die wir versuchen, ihr zu geben. Um sie sichtbar werden zu lassen. Um sie festzuhalten. Doch sie festhalten heißt sie verraten: Sie entkommt immer. Entweder verändert sich das Gefühl oder die Form, die es für uns hatte. Ein Körper, ein Gesicht ist nun älter geworden. Und wird morgen nicht mehr sein. Manchmal überdauert die Liebe allein.

*

Wenn ich an meinen Vater denke, fallen mir oft diese seltsamen und schönen Bilder wilder Tiere ein: große Hirsche, die in die Städte hineinliefen und durch die Straßen zogen. Auch sie lebten dort im Exil und waren, genau wie mein Vater, sehr einsam und sehr majestätisch. Sie erweckten sofort den Eindruck, zu Hause zu sein. Ihre Anwesenheit verzauberte, was uns bereits vertraut schien, die Gehwege, die Kreuzungen und den Asphalt unter unseren Füßen. Dennoch ist es ein Exil. Sie kamen aus Hunger. Oder aus

Neugier.* Was für manche, wie meinen Vater und mich, beinahe das Gleiche ist. Ja, die Vertrautheit, die ich ihm gegenüber empfinde, erinnert an den Hirsch; sie hat etwas Wildes, Unbekanntes, das meinen Worten für immer unzugänglich ist, nicht aber meinem Herzen, in dem es eines der Zentren bildet. Einen jener Orte, die mir am vertrautesten und – trotzdem oder gerade deswegen – am fremdesten sind.

*

Die Geschichte der Kunst ist eine Geschichte der Geister großer Persönlichkeiten, sagte mein Vater. Lange glaubte ich, dieser Satz stamme von ihm. Die Kunst war schließlich die große Liebe seines Lebens. Das Schicksal hatte ihn nicht dazu bestimmt. Er wurde in einem kleinen Dorf in Montenegro geboren, das zur damaligen sozialistischen Republik Jugoslawien gehörte. An jenem Tag des Jahres 1951, als er das Licht der Welt erblickte, verurteilte der sowjetische Politiker Molotow die neuen Beziehungen Jugoslawiens zum Westen. In jenem Monat gewährten die USA, Großbritannien und Frankreich dem Land Wirtschaftshilfen »im Interesse des Weltfriedens«. Dass Jugoslawien diese Zahlungen annahm, war in Molotows Augen Verrat am Sozialismus. Ab dem Tag der

* Dieses Bild bezieht sich auf die Zeit des Lockdowns, als Rotwild durch die menschenleeren Straßen von Paris zog.

Geburt meines Vaters verschlechterten sich also die Beziehungen zwischen den Sowjets und der jugoslawischen Führung. Tito verurteilte den »unvorstellbaren Völkermord«, der in der UdSSR im Gange war. Stalin ließ verschiedene, immer seltsamere Attentate auf ihn verüben. Mein Vater und ich listeten sie alle auf. Ich vermute, dass einige davon erfunden waren. Noch heute habe ich sie so deutlich vor Augen, als hätte es sie tatsächlich gegeben. Das ist das Wesen der kindlichen Fantasie. Und bei meinem Vater war es leicht, Kind zu sein. Alle Kinder liebten ihn, weil er geduldig und fröhlich war und wusste, wie man mit ihnen redete. Dabei ging es in Wahrheit weder um die Worte noch um die Ausdrucksweise. Er verstand sich vielmehr darauf, sich dem Tempo der Kinder und der Kindheit anzupassen, das so reich und so langsam ist und in dem die Zeit so langsam vergeht, dass man noch nicht genau weiß, was Zeit eigentlich ist: Man bewegt sich durch sie hindurch wie durch die Luft, die man atmet, und hat nicht die geringste Ahnung, dass sie eines Tages fehlen könnte. Er verstand diese einzigartige Zeitlichkeit, die den meisten von uns später abhandenkommt, und die Freuden und Tragödien, die damit einhergehen; er nahm sie an und respektierte sie. Mein Vater begab sich auf Augenhöhe mit den Kindern. In meinem Fall sogar wörtlich. Als er sich in seinen Vierzigern einer Meniskusoperation unterziehen musste, gab er seiner früheren Schnelligkeit die Schuld, seinen oft barfüßigen Läufen auf den Straßen eines Landes, das ich kaum kennengelernt habe. Ich jedoch erinnere mich an die Tage, die er mit mir verbrachte. Auf den Knien. Auf meiner Höhe. Hatte seine eigene Kindheit seine empfindlichen Kniescheiben abgenutzt, oder war es meine gewesen?

*

Die Geschichte seines Landes erzählte er mir genauso wie die Kunstgeschichte: als Abenteuerbericht. Die explosive Zigarre auf Kuba. Der vergiftete Faustschlag in Gstaad. Der mit Kurare präparierte Kugelschreiber auf einem Transatlantikflug nach Lateinamerika. Diese Serie fehlgeschlagener Verbrechen hatte am Geburtstag meines Vaters begonnen. Was für ein Zufall. Als Kind war ich stolz darauf.

*

Später erfuhr ich, dass er in Wahrheit gar nicht an jenem Tag geboren wurde. Das Datum, an dem wir stets seinen Geburtstag feierten, war falsch. Es wurde unter mir unbekannten Umständen auf dem Standesamt seines Heimatdorfs geändert, als er noch ein ganz junger Mann war. Ein junger Mann, der vielleicht von Kunst und Verbrechen träumte. Ein junger Mann, der von Paris träumte.

*

Er hat einen scharfen Blick und eine Fähigkeit zur Blindheit, die mir bisher nur bei ihm begegnet sind. Welch Paradox, dieser Blick, der gleichzeitig alles und nichts sieht. Sein Gedächtnis war bemerkenswert und wurde als fotografisch bezeichnet, auch wenn die Fotografie nie sein bevorzugtes Medium war. Im Gegenteil, er misstraute ihr und erkannte in ihr – wenigstens in künstlerischer Hinsicht – viele Auswüchse des 20. Jahrhunderts. Er konnte das leicht sagen, denn ihm entging kein Detail. Als junger Mann, der gerade in Frankreich eingetroffen war, warf er sein Studium der Wirtschaftswissenschaften hin, wie man einen Zigarettenstummel aus dem Fenster wirft – unüberlegt und mit einer gewissen Lust. Er schrieb sich für Architektur und die Schönen Künste ein. Seine Professoren bewunderten sein Gedächtnis und fürchteten es bestimmt auch ein wenig. Äußerlich passte mein Vater sich schnell an das große Leben an, das er in Paris führen, sich unbedingt erschaffen wollte. Er war ein schöner und charmanter Mann. Sein Charme sicherte sein Überleben und verlieh seiner Intelligenz Gestalt und seiner Entschlossenheit, das Leben zu leben, das er, der Mittellose, sich erträumte. Er hatte nichts als seinen Charme und sein Gedächtnis. Er konnte aus dem Kopf die Säulen des Pantheons aufzählen, deren Zahl nicht einmal jene spontan nennen konnten, die in ihrem Schatten aufgewachsen waren. Er wusste aber noch viele andere Dinge. Er kannte die Arkaden des Louvre. Marats Wimpern auf dem Gemälde von David. Die Wimpern der Mona Lisa. Er konnte mit geschlossenen Augen ganz genau die Landschaft hinter ihr beschreiben, bis in die kleinsten Details hinein, mit Ausnahme der Farben, für die er keine Wörter hatte. Die Farben kamen als Letztes, sagte er mir eines Tages, als ich ihn nach der Anstrengung fragte, die das Leben in einer Stadt, deren Sprache man nicht spricht, bedeuten muss. Er konnte kein Wort Französisch, lernte es erst nach seiner Ankunft in Paris mit zwanzig Jahren. Und ich frage mich: Wie hat er die ersten Wochen, die ersten Monate in dieser Sprache erlebt? Schwarz-weiß?

Und danach? Und meine Geburt? Wie betrachtet man Vaterschaft in einer fremden Sprache?

Wer sich das vorstellen will, es sich wirklich vorstellen will, muss versuchen, den Blickwinkel des Hirschs einzunehmen, der zum ersten Mal, einsam und würdevoll, die Rue de Rivoli entlanggeht.

*

Er sah alles, und gleichzeitig sah er nichts. Genauer gesagt: Alles, was Leid hätte verursachen können – mich hätte leiden lassen –, entging ihm. Eines Tages erzählte ich ihm, ich sei ein schüchternes Kind gewesen. Meine Schüchternheit war so krankhaft, dass sie ein körperlicher Zwang war und mich in das Reich der Dinge, der Objekte verwies. Er sah mich mit seinen graugrünen Augen an, die mein Sohn geerbt zu haben scheint. Er beobachtete mich aufmerksam und schüttelte dann den Kopf. *Nein*, sagte er, *wirklich nicht*.

Was er nicht sah, existierte für ihn nicht. Er verließ sich nur auf die eigene Wahrnehmung. Selbst wenn sie mein Innerstes, meine Empfindungen und Gefühle betraf, die mir genauso angehörten wie meine Hand oder mein Auge.

Er sah auch nicht das Schlechte in der Welt. Er war immer unbegreiflich optimistisch, durch nichts zu befremden. Beinahe dumm. Ja, die Dummheit meines Vaters trat in Gestalt seines Optimismus zutage. Er glaubte immer an die Schönheit, das Gute, den Fortschritt des Menschen. Selbst wenn wir alle in diesem Fortschritt die Schrecknisse erblickten, aus denen er bestand.

Er sah das Schlechte in der Welt nicht, weil er sich weigerte, es zu sehen. Vielleicht nicht bewusst. Man könnte sagen, etwas in ihm weigerte sich, es zu sehen. Aus diesem Grund schien es mir manchmal, als sei ich die Erwachsene und er das Kind.

*

Er glaubte, Identität ließe sich erfinden, erschaffen wie ein Kunstwerk. Und er glaubte, gleich einem Kunstwerk, das aus zahllosen Einzelheiten besteht, würde es ihr nicht an Natürlichkeit fehlen. Er glaubte, man könne Werte zu seiner Heimat machen. Nationalismen stießen ihn ab. Er wollte in der Schönheit leben. Dafür war er bereit, sein Land, seine Familie und seine Freunde zu verlassen. Und seine Sprache, in der er die Farben sah.

Ich bin wegen des Louvre nach Paris gekommen, hörte ich ihn oft sagen.

*

Um ehrlich zu sein, hörte ich ihn aber auch oft sagen: *Ich bin wegen des Steak Tatar nach Paris gekommen.*

Museen haben uns an die Vorstellung gewöhnt, Kunstwerke seien dazu da, betrachtet zu werden. Sie seien für das Licht und die Blicke gemacht. Unsere Leidenschaft für das Sichtbare ist zu einer Leidenschaft für die Sichtbarkeit geworden. Die Minibildschirme, die wir in unseren Taschen und Händen tragen, haben mit unseren Körpern und Gesichtern das Gleiche gemacht wie die Museen mit der Kunst. Menschen wie mein Vater, die Geheimnisse haben und sie bewahren, scheinen fast einer anderen Welt anzugehören. Sie pflegen eine andere – eher zeitliche und moralische als geografische – Art des Fremdseins. Sie sind Fremde in einer Zeit, in der unsere Lust an Ausstellungen einer Lust am Ausstellen gewichen ist.

Ich selbst, deren Name – meines Vaters Name – auf Buchdeckeln und in Zeitungen zu sehen ist, löse in ihm damit echten Stolz aus, der jedoch manchmal klar erkennbar mit Beunruhigung verbunden ist. Er würde es nicht so ausdrücken; ich bezweifle, dass er den Aphorismus kennt, er ist meine Übersetzung einer gewissen Mimik, gewisser Blicke, eines gewissen Schweigens in verständliche Begriffe: Er glaubt, dass wir, *um glücklich zu leben, versteckt leben sollten.*

Auf wie viele Arten kann man die Tochter seines Vaters sein? Ich habe trotz allem meine Geheimnisse bewahrt. Monatelang zehrte ich von einer Nacht mit dem Ghostwriter, jener Nacht, in der wir die Tasche gefunden haben, die minuten- und stundenlang zu unseren Füßen lag, während wir in einer Garageneinfahrt an der Wand lehnten und uns küssten. Über jene Minuten und Stunden habe ich mit niemandem gesprochen. Sie sind zu kostbar, zu lebendig in mir, um in Worte aufgelöst zu werden, und ich erwähne sie hier und heute, weil sie von anderen Nächten und Geheimnissen ersetzt wurden, von Momenten, die nur mir gehören.

Andere Geheimnisse. Zuallererst jenes, das ich in meiner Tasche verberge. In der Tasche, die nicht kontrolliert wurde.

*

Unser Verhältnis zur Kunst hat sich durch die gegenwärtige Leidenschaft für das Sichtbare völlig verändert. Im 20. Jahrhundert haben viele Restaurationen von Gemälden die Frage des Blicks und des Lichts nicht berücksichtigt. Dir kann ich es ja sagen: Diese

Gemälde mit den aufgefrischten Farben haben mich oft enttäuscht. Oft zog ich ihnen die gedruckten Beschreibungen vor, die Vorstellungen, die ich mir von ihnen gemacht hatte. Wenn ich davorstand, fand ich die blank polierten Gemälde reißerisch und flach. Sie mochten chemisch und chromatisch korrekt sein, waren aber nicht dafür gemacht, unter heutigen Bedingungen betrachtet zu werden. Vielleicht wirken sie deshalb so roh. Frei von Nuancen. Brennendes Magenta und ehrliches Rosa waren und sind im Kerzen- und Fackelschein nicht dieselben. Die Gemälde sind jetzt vielleicht in dem Zustand, in dem sie früher waren, aber das gilt nicht für unsere Augen. Das sagte mein Vater, und hierin lag der Grund für sein wachsendes Interesse an Skulpturen. Natürlich wollte er damit auch den seltsamen Mangel an Perspektive kompensieren, der durch seine Anpassung an eine fremde Sprache entstanden war. Sprache ist eine Lichtquelle, genau wie Petroleumlampen oder Gasleuchten.

Die Augen, für die jene Bilder gemalt wurden, sind weder im blaustichigen Licht der Bildschirme und Flüssigkristalle noch im Schein des elektrischen Lichts entstanden. Die Augen, für die jene Bilder gemalt wurden, waren an das Licht lebendiger, changierender und kapriziöser Flammen gewöhnt. Sie waren mit dem Halbdunkel vertraut – oder wäre es hier richtig, von Halbdunkeln im Plural zu sprechen? Sie konnten bestimmt andere Nuancen unterscheiden als wir –

Nuancen, die auf ewig in unserem künstlichen Licht ertränkt wurden.

In seinem 1933 verfassten *Lob des Schattens* bedauerte der japanische Schriftsteller Junichiro Tanizaki, dass der Osten den leuchtenden Farben des Westens nicht widerstehen konnte. Doch genau in diesem Westen sang Lil Green nur wenige Jahre später, sie sei geboren worden, um im Dunkeln geküsst zu werden – im Dunkel der Straßen, Gärten, Flure und Geheimnisse, das kaum mehr ist als eine Erinnerung. Auch unsere europäische Vergangenheit ist heute weit weg. Wie die japanische Kunst des Schattenspiels ist diese Vergangenheit verloren. Sie *hat* verloren. Fast alles, was man damals wahrnahm und erlebte, wurde verschlungen. Ich denke an die montenegrinische Kindheit meines Vaters in den 1950er-Jahren. Ich habe das verschlafene, charmante kleine Holzhaus kennengelernt, das nach türkischem Kaffee und Naphthalin roch – und doch merke ich, dass ich vieles nicht weiß. In welchem Licht erlebte mein Vater seine ersten Jahre?

Aber er will nicht. Er will nie über sich selbst sprechen. Er spricht lieber über Kunst.

*

Gehen wir noch weiter zurück, sagt mein Vater. Er ist nicht sicher, ob die ursprüngliche Bestimmung dessen, was wir Kunst nennen, das Gesehenwerden war.

In gewisser Weise könnte man sogar sagen, dass das, was wir Kunst nennen, weniger für das Gesehenwerden gemacht ist, sondern eher für das Gestohlenwerden.

*

Das ist schon seit Langem so, erzählte er mir, während wir an der Seine entlangspazieren. Es reicht bis zum Trojanischen Krieg zurück. Du kennst ja die Geschichte von Paris und Helena, von Odysseus und dem Trick mit dem Pferd. Aber kennst du auch die vom Palladion? Nein, die vom Palladion kenne ich nicht. Ich kannte sie nie. Der rituelle Charakter unserer Spaziergänge und Unterhaltungen erforderte meine Unwissenheit.

Ich reichte ihm bis zur Hüfte, bis zum Ellbogen, bis zur Schulter, und noch immer wusste ich nichts.

Eines Tages antwortete ich in einem Anflug von Humor: *Ja, ich kenne die Geschichte vom Palladion, ich kenne nur sie*. Er sagte nichts, ich auch nicht, und wir gingen schweigend weiter.

Wie ich diesen Satz heute bedaure. Wie gerne ich seine Frage erneut hören würde. Ich würde antworten: *Nein, die vom Palladion kenne ich nicht*. Zur Unwissenheit, zur ewigen Kindheit verdammt zu sein erscheint mir heute als geringer Preis für das Anhalten der Zeit. Für den Rückweg, für das Wiederfinden dessen, was man nicht wiederfinden kann. Doch dieses Bedauern empfinde ich als Erwachsene; es beweist, dass man nicht in die Vergangenheit zurückkehren kann.

Na? Wie würdest du die Mona Lisa stehlen?

Diese Geschichte hat verschiedene Versionen, die einander nicht ausschließen, sondern gegenseitig verstärken: Sie ist ein Mythos. Am 21. August 1911 bemerkten Saalwächter das Fehlen des vielleicht berühmtesten Gemäldes der Welt: der Mona Lisa. Kaum hatte man ihr Verschwinden registriert, brach Chaos los. 1911 bedeutete das vor allem, dass die Telegrafendrähte heiß liefen. Während ich dies schreibe, erinnere ich mich, dass ich am Ende des letzten Jahrhunderts selbst einmal ein Telegramm verschickte, aus dem Untergeschoss der Postfiliale in der Rue Duc zu Füßen des Montmartre. Die Postfiliale war höhlenartig und so imposant wie eine italienische Bahnhofshalle der 1930er-Jahre. Mit dem Telegramm, das die damals für mich große Summe von 200 Francs – 30 Euro – kostete, gratulierte ich einer in den USA lebenden Freundin zum Geburtstag. Sie hatte erklärt, sie sei vom *Vorher* fasziniert. Ich hatte mir den Kopf zerbrochen und dann beschlossen, im Jahr 1996 sei ein Telegramm so sehr aus der Vorzeit wie nur möglich. Doch es kam nie an. Es ist *noch* nicht angekommen, korrigiert meine Freundin mich. Bis heute reden wir manchmal darüber. Was ist mit dem Telegramm von 1996 geschehen?

Zurück ins Jahr 1911: Das Chaos brach los, und der

Direktor des Louvre erhielt in seinem Feriendomizil Nachricht von dem Raub. Man rief die Polizei. Sofort herrschte große, von allen geteilte Aufregung. In einer anderen Version dieser Geschichte, die mein Vater mir erzählte und die ich später hier und dort hörte, wurde die Mona Lisa am 21. August gestohlen und *niemand bemerkte etwas*. Niemand bemerkte etwas, bis zum nächsten Tag, als der Maler Louis Béroud, der sein nächstes Gemälde *Mona Lisa im Louvre* vorbereiten wollte, fragte, wo das Bild denn sei. Bestimmt beim Fotografen, antwortete man ihm. Was hielt Béroud wohl von der Fotografie? Seine präzisen Gemälde wurden durch dieses neue Medium obsolet. Schließlich malte er, was wir heute fotografieren. Beispielsweise das Innere von Museen oder die Kopisten vor den Meisterwerken, die hofften, dem Unvergleichlichen gleichzukommen, genau wie wir alle es manchmal tun. Kopisten sind die unauffälligen Helden auf manchen von Bérouds Gemälden. Eines von ihnen, das wir heute vielleicht nicht als besonders geschmackvoll bezeichnen würden, zeigt überraschenderweise sogar einen Kopisten bei der Arbeit vor einem Rubens, dem drei nackte und langhaarige Grazien entsteigen, genauer gesagt, *entspringen*, die den realen Raum des Museums bevölkern – oder besser den echten und zugleich imaginären Raum des Museums, denn auch dieser ist gemalt.

Louis Béroud sorgte sich also, weil das Bild, das er kopieren wollte, nicht an seinem Platz war. Der fotografische Dienst bestritt jedoch, das berühmte Gemälde erhalten zu haben. Es dauerte fünf Wochen – *fünf Wochen! Stell dir mal diese fünf Wochen vor* –, bis man überhaupt ein Negativ der Mona Lisa fand, das sich für die Presseberichterstattung über den Diebstahl eignete. Deshalb entschuldigte sich die Zeitschrift *L'Illustration* am 2. September zunächst bei ihrer Leserschaft und druckte erst einmal statt eines Bildes der Mona Lisa nur ihre Abwesenheit in Gestalt einer Fotografie der leeren Wand zwischen zwei Gemälden, die weniger begehrt waren und deshalb noch an ihrem Platz hingen. Und dummerweise sichtbar waren. Ja, die Zeitschrift entschuldigte sich und bat die Leser um zwei weitere Wochen Geduld. Diese Zeitspanne wirkt auf uns beinahe verrückt, genau wie das Bild vom fehlenden Bild. Mein Freund Jason Hill, ein Fotografiehistoriker, warf dennoch die Frage auf, ob dies nicht *eine bessere Illustration der Tat gewesen sei als die bloße Reproduktion.* Die Menschen strömten trotzdem in den Louvre. Nicht um das Gemälde zu sehen, sondern den Ort des Verbrechens.

Insgesamt war also sieben Wochen lang keine Fotografie der Mona Lisa für die Öffentlichkeit verfügbar und auch das Original nicht sichtbar. Wer weiß, wie sich die Mona Lisa während dieser Zeit in der Erinnerung der Menschen entwickelt hat? Welche Abenteuer sie erlebt hat?

Der Rahmen der Mona Lisa war noch vor Ort, genau wie die Glasscheibe, die das Gemälde schützte.

Alphonse Bertillon, der bekannteste Polizist Frankreichs, Vater der Anthropometrie, der wissenschaftlichen Polizeiarbeit und der Straftäterkartei, wurde gerufen. Er ist, so könnte man sagen, der Vater unserer heutigen Welt, in der mein Mobiltelefon sich entsperrt, wenn ich draufschaue. Es war ein Erfolg, aber auch ein Scheitern, eine Schmach sogar, auf die *L'Illustration* zwei Jahre später in einem Artikel zurückkam, der heute im Museum für Justiz-, Verbrechens- und Strafgeschichte einsehbar ist. Das Museum ist echt, existiert aber nicht in materieller Hinsicht – abgesehen von der Materialität der Server, Kabel und selbst der Energie, mit der die Daten übertragen werden. Sie machen es möglich, dass ich einen über 100 Jahre alten Artikel, der bald zu Staub zerfallen wäre, im bläulichen Licht eines 13-Zoll-Bildschirms lesen kann.

Paris-Journal bot 50 000 Euro Finderlohn, angebliche oder fantasiebegabte Zeugen fanden sich ein, es gab viele Denunziationen. *Die Denunziation ist eine französische Kunst*, pflegte mein Vater zu sagen. Ich hörte ihm zu. Das war nicht schwer, denn er sprach von Denunziationen, Konflikten und Razzien, als gehörten sie der tiefsten Vergangenheit an und seien von unserer Gegenwart klar getrennt. Ich glaubte ihm und glaubte auch, dass die Geister der Vergangenheit nicht wiederkehren würden. In diesem Sinne glaube ich heute eher an Geister als in meiner Kindheit. Von der

Denunziation als französischer Kunst sprach er mit einer Leichtigkeit, die der primitiven Vorzeit vorbehalten ist, als sei davon nichts übrig geblieben. Doch kaum zehn Jahre später, in den 1990er-Jahren, während des Jugoslawienkriegs und der Belagerung Sarajewos, wurde die Tür meiner Tante mit Kreide markiert – von Nachbarn, die danach flohen. Sie wollten der herannahenden Armee damit signalisieren, welche Teile der *Bevölkerung es zu unterdrücken* galt. Meine Tante hatte die Markierung entfernt, deren genaue Form sie mir nie beschrieben hat (welches nicht figurative Symbol steht für ein Todesurteil?). Die Erinnerung an den Verrat und an die Raketen konnte sie jedoch nie auslöschen. Wieder ein Vierteljahrhundert später, als Urgroßmutter, sagte sie mir voller Bitterkeit: *Verstehst du? Fünfzehn Jahre lang sind wir mit ihnen gemeinsam in den Urlaub gefahren.* Das stimmte. Man konnte beiden Familien anhand der Fotoalben langsam beim Älterwerden zusehen, oft an der Adria, am Mittelmeer, am Schwarzen oder Kaspischen Meer. Doch als ich 1986, 1987 mit meinem Vater die Seine entlangspazierte, hatten der Krieg und die Markierung der Tür sich noch nicht ereignet. Meine Tante sonnte sich vielleicht mit ihren lieben Nachbarn am Meer, auf uns wartete der Louvre, und die Welt, wie wir sie kannten, war noch nicht am Ende.

Weißt du, wer der Hauptverdächtige war?, fragte er harmlos, während wir den Fluss überquerten. Ich sagte immer Nein. *Apollinaire! Guillaume Apollinaire!*, antwortete mein Vater entzückt und begeistert, und auch ich selbst war entzückt und begeistert. Wir spiegelten gegenseitig unser Entzücken und unsere Begeisterung: ein Vater, der von einer Stadt der Maler und Dichter träumte, und seine Tochter, die – so sagten alle – zwar ziemlich aufgeweckt war, aber in diesem Moment, ohne es zu wissen, in diesem Traum lebte, der nicht seiner war. Ein Vater, der begeistert und entzückt war, seine einzige Tochter begeistern und entzücken zu können, und das nur mit dem Namen eines Dichters. Nichts in seiner Herkunft prädestinierte ihn, diesen Dichter zu kennen, und er erwähnte ihn wie nebenbei, als spreche er über einen Bekannten. *Ja*, sagte mein Vater, *Guillaume Apollinaire*, den ich damals wegen seiner dunklen und fliederfarbenen Herbstzeitlosen, seines *sich langsam vergiftenden* Lebens und vor allem wegen der Metallplatte interessant fand, die seine Schädelverletzung bedeckte. Mein Vater aber blieb nicht stehen – er blieb nie stehen, um Trepanationen zu betreiben. Apollinaire wurde verdächtigt, weil er mit einem gewissen Géry Pieret, einem Belgier, bekannt war. Einem *Abenteurer*, wie man damals sagte. Pieret hatte zwei Jahre zuvor gestohlene Statuen an Picasso verkauft. André Breton erwähnte ihn in einem Manuskript über das Leben Picassos, das ab 1951 als gezeichnetes Feuilleton erschien. (Offen bleibt jedoch folgende Frage: Bestand der wahre Fehler Apollinaires nicht darin, während der Ermittlungen erklärt zu haben, man müsse »den Louvre niederbrennen«?)

Zwei Jahre lang mussten Paris und die Welt ohne die Mona Lisa auskommen. Zwei Jahre lang war sie nicht mehr als eine Erinnerung, ein Enigma, ein Gerücht. Sie war ein Fragezeichen, das uns scheinbar mit dem Blick verfolgen konnte. Dann erhielt ein Antiquar in Florenz einen geheimnisvollen Brief. Kurz darauf stellte sich ein gewisser Leonardo bei ihm vor, ein unauffälliger, kleiner Mann, sagte mein Vater (der sich seines Auftretens und seiner Schönheit sehr bewusst war; man hatte ihm mehrmals angeboten, Rollen in Kinofilmen zu übernehmen – bis er den Mund aufmachte, denn er hatte einen Akzent). Hinter diesem sprechenden Pseudonym – wäre der Kriminelle gerne ein Künstler gewesen? – verbarg sich Vincenzo Peruggia, der wenig später festgenommen wurde. Seine Verteidigung bestand in der Behauptung, er habe die Mona Lisa in ihr Heimatland Italien zurückbringen wollen. Der Glaser Peruggia, der zum Tatzeitpunkt in Frankreich lebte, wollte das Bild zwei Jahre lang unter seinem Bett aufbewahrt haben. Ich frage mich, wie man schläft, wenn die Mona Lisa unter dem Bett liegt. Wie man träumt.

*

Warum gelang es nicht, den Entführer der Mona Lisa festzunehmen? Immerhin war er bereits 1908 und 1909 schon einmal festgenommen worden. Er war, wie wir heute sagen, bekannt. Was funktionierte nicht in dem fürchterlichen und innovativen anthropometrischen System Alphonse Bertillons? Bei der Untersuchung des Rahmens und der Glasscheibe der Mona Lisa, »die man, wir erinnern uns, auf einer Treppe zwischen dem Saal der italienischen Primitivisten und dem Viscontihof fand«, entdeckte man »mehrere Fingerabdrücke, die man fotografierte«. Dann nahm man die »Fingerabdrücke« der Mitarbeiter des Louvre – selbst die Konservatoren willigten mit »verdienstvoller Nachsicht« ein. Dem Autor des Artikels von 1913 schienen sie über jeden Verdacht erhaben, was – zwischen den Zeilen gelesen – an ihrem respektablen gesellschaftlichen Rang gelegen haben dürfte. Allerdings vergaß man die Spiegelmacher, darunter Peruggia, obwohl dessen Name bereits gefallen war. Auf dem Bilderrahmen befand sich außerdem der Abdruck eines linken Daumens. Zwar enthielt die anthropometrische Akte beide Daumenabdrücke, doch nur der rechte diente der Klassifikation und machte eine direkte Identifizierung unmöglich. Zudem fehlte der Name. Wäre er früher übermittelt worden, hätte Peruggia nicht entkommen können. Es sei denn …

In der anthropometrischen Akte des Spiegelmachers heißt es, er stamme aus Domenza, nicht *Du*menza, in der Provinz Como, nicht Conti. Sein Name lautete dort Perruggia statt Perugia, so der Artikel in *L'Illustration*. Die mir bekannte Schreibung, die ich am häufigsten gesehen habe, lautet Peruggia, mit zwei g.

Noch heute ist dies das Schicksal unserer Namen. Sie werden wund gerieben, misshandelt, amputiert, als verdienten einige mehr Genauigkeit, mehr Gerechtigkeit, mehr Stabilität als andere. Einmal entdeckte ich in einem schwedischen Museum eine besondere Installation: Ein ausländischer Künstler zeigte alle Briefe, auf denen sein Name falsch geschrieben war. Die Blätter bildeten Haufen, Flächen und waren auf dem Boden ausgebreitet. Die Installation beeindruckte mich sehr. Mein Vater hätte sie nicht als Kunst bezeichnet.

Nie habe ich mit ihm über dieses ewige Wundscheuern gesprochen. Ich nehme an, er hat es als schicksalhaft akzeptiert. Mich macht solch ein Mangel an Aufmerksamkeit wütend. Ebenso wütend machte mich, was mir ein Juror eines Literaturpreises eines Abends zuflüsterte: *Ihr Buch hat mir sehr, sehr gut gefallen, aber ich habe nicht dafür gestimmt. Ich hätte zu große Angst, Ihren Namen aussprechen zu müssen.*

*

Mir wird klar, dass alle Männer, von denen mein Vater mir erzählte – Guillaume Apollinaire, Pablo Picasso, Géry Pieret und natürlich Vincenzo Peruggia –, wie er aus dem Ausland stammten. Hatte er sich mit ihnen eine Art Genealogie aufgebaut? Wollte er damit seine eigene, faktische, tatsächliche, von ihm abgelehnte Herkunft ersetzen?

So viele Fragen. *Na? Wie würdest du die Mona Lisa stehlen?*

Und wie schläft und träumt man, wenn das berühmteste Porträt der Welt unter der Matratze liegt? Gut? Schlecht? Oder gar nicht? So viele Fragen, aber keine ist die richtige: Fast ein Vierteljahrhundert lang habe ich mich gefragt, was meinen Vater dazu brachte, mir genau diese Frage zu stellen. In welchen Teil seines geheimen Lebens er mich damit unwissentlich – oder gar wissentlich – einweihen wollte.

Eines Tages, ich muss acht oder zehn Jahre alt gewesen sein, hat mich mein Vater im Louvre vergessen. Seltsamerweise ist das keine negative Erinnerung. *Bleib bei ihr, ich muss einen Anruf machen, ich komme zurück. Sie,* das war die Venus von Milo. Sie gehörte zur Familie.

Ich setzte mich und wartete. Das Warten fiel mir nicht schwer; ich empfand es nicht einmal als solches. Ich hätte bestimmt gesagt, dass ich die Kunstwerke und die Menschen betrachtete. Ich spielte ohne meinen Vater das Spiel meines Vaters. (War es ein Spiel?) Wie viele Klauen, wie viele Schuhe? Wie viele nackte Schultern? Wie viele Fenster und wie viele Feuerlöscher?

Wie viele Farben hat der Himmel?

Es wurde Abend, und eine große, blasse Sonne näherte sich mir, meinen Füßen, und ich sah sie an, sah, wie das Licht auf mich zukam.

Wie viele Notausgänge und wie viele Wärter?

Mein Vater kam nicht zurück. Von wo aus wollte er telefonieren? Wo in jener anderen Welt Ende der 1980er-Jahre befand sich die Telefonzelle, die der Venus von Milo am nächsten war? Gibt es jemanden, der sich an so etwas erinnert?

Wie viele Locken und wie viele steinerne Schlangen? Wie viele fehlende Arme? Wie viele angeknackste Zehen?

Wie viele Notausgänge und wie viele Feuerlöscher?

Wie viel Zeit?

Schließlich näherte sich ein Aufseher. Ich musste schon lange allein gewesen sein, mit den Füßen im goldenen Licht und dem in die Ferne gerichteten Blick.

Der Wärter wollte wissen, wer ich sei und wer mich begleitete. Ich bereute es, meinen Vater wörtlich genommen zu haben – aber tut man das nicht als Tochter? Ich bedauerte es, nicht wie sonst manchmal einer anderen Familie oder Gruppe von Touristen gefolgt zu sein, auf Höhe ihrer Ellenbogen, ganz am Rand, als gehörte ich dazu. Ich fand mich dann langsam, ganz langsam in ihre Sprache ein, die mir oft fremd war, und erlebte einen versteckten Augenblick am Rand eines ganz anderen Lebens – am Rand, immer näher kommend, mich unmerklich herantastend. Dieses Spiel lohnte sich jedoch nur in Anwesenheit meines Vaters, der den Kopf hob, meinen Namen rief und mich in mich selbst zurückholte, als springe ein Gummiband in seine ursprüngliche Form. Und ich rannte zu ihm.

*

Der Wärter stellte mir Fragen, die langsam ein Porträt meines Vaters bildeten. Allerdings eines anderen Vaters. Bei meinen Antworten dachte ich an meinen Vater, merkte aber, dass die Person, die in Erscheinung trat, nicht er, sondern ein mir unbekannter Mann war. Ein Mann, der ein kleines Mädchen allein an einem öffentlichen Ort ließ. Ein Mann, der *bis gleich* sagte, obwohl das Licht, das noch so weit von meinen Füßen entfernt gewesen war, mir jetzt bis zu den Knien reichte. Ein Mann, der sagte, *ich komme wieder*, und der nicht wiederkam.

In den Märchen lässt man die Kinder im Wald zurück, im dunklen Wald. In Wirklichkeit schließt das aber Supermärkte, Rastplätze und Kirchenvorplätze nicht aus. Genauso wenig wie Museen. Der dunkle Wald ist die Grausamkeit. Der dunkle Wald ist das Unverständnis.

Irgendwann hörte ich auf zu reden, und der Wärter forderte mich auf, ihn zum Büro der Gebäudesicherung zu begleiten. Ich wollte nicht. Ich sagte, ich könne nicht weggehen. Ich müsse meinem Vater wenigstens eine Nachricht hinterlassen.

Ein Mann, der sagt, *ich komme wieder,* und der nicht wiederkommt. Ich zögerte, mich zu fürchten. Ich war nicht am Rand einer anderen Familie oder Sprache, wie in meinem Spiel, sondern am Rand einer anderen Welt.

An jenem Rand balancierte ich, ohne zu fallen. Die Liebe zu meinem Vater war ein Himmel in mir, der genauso wirklich war wie der Himmel über meinem Kopf. Ob ich ihn sah oder nicht.

*

Wie lange? Er kam angerannt, außer Atem. Besorgt. Endlich stand ich auf, ohne zu dem Aufseher zu blicken, der mir die Fragen gestellt hatte, die einen anderen Vater erscheinen ließen als meinen, einen instabilen, beunruhigenden, nicht vertrauenswürdigen Mann.

*

Wenige Menschen wissen, dass es in der Venus von Milo ein Geheimfach gibt. Im Inneren der bekanntesten Skulptur der Welt befindet sich kein fester Stein, und im Gegensatz zum bekannten Klischee wartet auch keine Figur darauf herauszuspringen. Im Inneren der bekanntesten Skulptur der Welt gibt es einen Hohlraum. Unter dem rechten Busen zog ein Restaurateur 2009 oder 2010 einen fest zusammengerollten Zettel heraus, auf dem mit Bleistift geschrieben stand: *Am 5. April 1936 restauriert von Libeau, Marmorschleifer – Louvre.*

Sollte mein Vater mir eines Tages sagen, *ich komme wieder*, und nicht zurückkehren, sollte ich ihm eines Tages eine Nachricht hinterlassen müssen, weil das Licht an meinen Beinen, Schultern und meinem Gesicht hochkriecht und dann plötzlich verschwindet, würde ich die Nachricht ganz sicher dort verstecken.

3

Was man Erwachsenwerden nennt, ist in Wahrheit wiederholter Verrat. Vielleicht habe ich nicht meinen Vater verraten, aber doch seinen Geschmack. Man könnte sagen, dass ich ihn im Louvre vergessen habe. Ich habe mich hinter dem Englischen verschanzt, einer Sprache, die er nicht spricht, und hinter der englischen Populärkultur, die er verachtet. Er weigerte sich, sie zu verstehen. Einer Serie über erste Liebe im Sonnenuntergang, über Liebeskonstellationen, so fließend wie die Wellen, die zu den Füßen der handelnden Charaktere zerbersten. Den jungen Mann mit dem leiernden Gesang und den schüchtern geschlossenen Augen fand er grotesk. Er sah keinen Sinn darin, eine Erzählung zu lesen, die gänzlich und ausschließlich aus Fußnoten bestand. Ich hingegen mochte komplizierte Autoren und komplizierte alkoholische Getränke – oder meinte, beides zu mögen. Er trank nur wenig und erkannte in meinem Atem bestimmt die Spuren von Aqua Vela oder St. Moritzino.

Sobald ich konnte, ging ich fort. Ich verließ die Universität; ich verließ Frankreich. Alles, was ihm etwas bedeutete, lehnte ich ab. Er liebte Nüchternheit und Eleganz: Ich färbte meine Haare rosa. Ich verpasste unsere Abendessen. Ich verpasste seinen Geburtstag. Zuvor hatte ich erfahren, dass er ihn nicht zum richtigen Datum feierte. Um ihn für seine Fiktionen zu bestrafen, erfand ich andere, ohne zu merken, dass ich damit nicht weniger, sondern mehr zu seiner Tochter wurde. In einem Park in New York tat ich, als könne ich nicht Schach spielen. In einem Bus Richtung Utah gab ich vor, nicht Französisch zu können. Und in einem Zug nach Istanbul simulierte ich, meine Muttersprache, genauer gesagt Vatersprache, nicht zu beherrschen. Mit jeder dieser Zurückweisungen glaubte ich, mich von ihm zu entfernen, und genoss dieses Gefühl.

Machen das alle Töchter so? Alle, die das Glück haben, einen Vater zu haben? Das Mobiltelefon, das er mir Anfang des 21. Jahrhunderts schenkte, ein bordeauxfarbenes Nokia 5110, das – so genial war mein Vater – zu meiner Regenjacke passte, die ich seit einigen Jahren trug und die meine einzige Erinnerung an eine Schulfreundschaft war, ließ ich im Nachttisch eines Motels liegen. Und die sehr schöne Uhr, die er mir schenkte, blieb eines Tages stehen. Ich war in der Wüste. Zuerst hatte ich Angst, eine wilde Angst, dass er tot sei und die Uhr in jenem Moment stehen geblieben war, in dem sein Herz aufgehört hatte zu schlagen. Ich war in der Wüste, die Uhr war stehen geblieben und ich hatte kein Telefon. Ich hatte kein Telefon, weil ich es im Nachttisch eines Motels vergessen hatte. Ich rief ihn von einer Tankstelle an. Vor mir hatte ich Münzen aufgestapelt, die in der Sonne glänzten. Er war kein bisschen tot. Plötzlich hatte ich ihm nichts zu sagen. Die Unterhaltung war kurz und oberflächlich. Er, der so freundlich war, musste mich als kühl empfinden. Bestimmt verstand er nicht, warum ich anrief. Man sagt seinem Vater nicht vom anderen Ende der Welt aus, dass man fürchtete, ihn verloren zu haben.

Ich entfernte mich von meinem Vater; zog das Band zwischen uns so lang wie möglich, um zu sehen, wie weit es reichte, wie lange es hielt – und wo es reißen würde, wie ich es zu wünschen glaubte und vielleicht fürchtete. Damit lehnte ich alles ab, was ihm wichtig war. Ich ließ Frankreich zurück, die Universität und die Museen. Monatelang trug ich nur staubige Cowboystiefel, die ich im Mittleren Westen in einem Secondhandladen gekauft hatte und die ich dann vor zehn Jahren und in besserem Zustand, als sie es in der Realität je waren, einer meiner Romanfiguren überließ. In meinen rosa Haaren waren die schwarzen Ansätze zu sehen. Um sie zu verstecken, trug ich eine alte Schirmmütze. Auf die gleiche Weise versteckte ich mich vor mir selbst und war nicht die, die ich zu sein vorgab.

Ich dachte, ich würde nie wieder nach Paris zurückkehren. Ich dachte, ich würde nie wieder in den Louvre zurückkehren. Ich mochte nur Künstler, die sich Ausstellungen verweigerten. Sie bezeichneten sie als *weiße Würfel,* ich nannte sie Herz meines Vaters oder Liebe meines Vaters, auch wenn ich das damals nicht wusste. Ich mochte Walter De Maria, der einen Kilometer tief in den Boden gegraben und ihn den *Vertikalen Erdkilometer* genannt hatte, doch von diesem Kilometer ist nichts zu sehen außer einer Tafel am Boden. Real oder fiktiv? Und das soll Kunst sein, hätte mein Vater gesagt, aber es war Kunst, eine kilometerlange, eingegrabene Galerie, die sich vielleicht nicht im Berg, aber wenigstens in meinem Gehirn befand, wenn ich an sie dachte. Außerdem hatte De Maria Blitzableiter eingesetzt. Einhundert Blitzableiter. Sie heißen *The Lightning Field,* das Feld der Blitze, und ich würde so gern einmal dorthin gehen. Das hatte ich dem Ghostwriter an unserem einzigen gemeinsamen Abend erzählt. Mein Abenteuer im Louvre existierte damals noch nicht, nicht einmal in der Vorstellung der Direktorin der Sammlung – *ich würde so gerne dorthin gehen, mach dir das klar, ein Kunstwerk, mit dem man die Nacht verbringen muss.* Blitzableiter, einhundert Blitzableiter, je einen Meter voneinander entfernt. Ob es blitzt oder nicht: Es ist Kunst. Der Ghostwriter ist auf seiner Weltreise dort gewesen. Auch von dort hat er mir geschrieben. Ich fragte mich, ob dies das Wesen unserer Beziehung sei. Er sieht, was ich schreibe, und ich schreibe, was er sieht? Er sieht, was ich sehen möchte, und ich schreibe, was er lesen möchte? Ist das eine Beziehung? Oder einfach nur Distanz?

Ich mochte James Turrell, der in die Wände eines

verlassenen Hotels Rechtecke und Quadrate schnitt, durch die man beobachten konnte, wie der Himmel langsam seine Farbe änderte. Später kaufte er einen Meteoritenkrater, von dem aus man die Sterne beobachten kann, und nannte es Kunst. Am liebsten mochte ich Robert Smithson, der Kontinente aus den Scherben baute – Scherben zerbrochener Fenster oder Windschutzscheiben nach einem Unfall, einem brutalen Zusammenstoß mit der Welt. Scherben wie jene, die aus den Fenstern eines Gebäudes nach einem Erdbeben oder einer Explosion entstehen. Er sammelte diese Scherben, sie glitzerten am Boden und waren geformt wie imaginäre Inseln und versunkene Kontinente. Er nannte es Kunst. Robert Smithson stellte an mexikanischen Stränden Spiegel auf, die den Himmel reflektierten. Die Spiegelung des Himmels war für mich die perfekte, ehrenvollste, mitreißendste Definition der Kunst. Der amerikanische Himmel, zu dem mein Vater nie den Blick erhob, spiegelte sich in den Windungen des *Spiral Jetty*. Um ihn zu sehen, hatte ich die Busfahrt unternommen, auf der ich getan hatte, als spreche ich kein Französisch. Ich will doch nicht von Touristen belästigt werden, dachte ich und verweigerte einem Paar mittleren Alters die Auskunft, fühlte mich dabei aber nicht wohl – war ich, ungeachtet der Geschichten, die ich mir selbst weismachte, nicht selbst eine Touristin? Das Paar schien mir sehr alt und war es bestimmt nicht, aber aus Sicht meiner damaligen Jugend – die ich weder im Spiegel noch auf

Fotos oder in den Blicken anderer erkannte, obwohl sie mir heute förmlich ins Gesicht springt, diese sinnlose, verrückte Jugend, von der man erst weiß, dass man sie erlebt hat, wenn man sie verloren hat –, aus Sicht dieser Jugend erschien mir das Paar alt. Ich weiß nicht mehr, was sie wissen wollten, aber es beschäftigte sie; sie machten sich Sorgen. Ich merkte, dass sie beunruhigt und desorientiert waren. Die amerikanische Sonne blendete sie in einem Maß, das sie durcheinanderbrachte. Und ich hätte die beiden ganz einfach beruhigen können. Doch ich tat, als hätte ich sie nicht verstanden, schüttelte stumm den Kopf, zuckte die Schultern und ließ sie verstört zurück.

Später habe ich noch oft an diesen egoistischen Moment gedacht. Doch war es wirklich Egoismus? Manchmal braucht man Jahre, um den wahren Grund eines Gefühls zu begreifen. Solange man es nicht versteht, existiert es unbeschädigt; die Zeit hat keine Macht darüber. Bei diesem Gefühl scheine ich für immer 20 Jahre alt zu sein. Vielleicht schämte ich mich eher, weil ich damals, vor diesem Greyhound-Bus, mit meiner Weigerung zu sprechen auch meinen Platz in der frankophonen Gemeinschaft ablehnte. Doch dieser Platz steht nicht einfach bereit, man muss ihn auf individuelle Weise erobern, indem man mit dem Bleistift Wörter einkreist wie

schwebende *rissig geworden* *Frutarier*

und viele mehr. Ich habe mich abseits jener Welt gestellt, der meine Eltern, vor allem mein Vater, unbedingt angehören wollten.

Jahre später merkte ich, dass das, was ich empfinde, nicht wirklich Unbehagen war. Ich empfand Scham. Die Gesichter dieses Paares hatten sich schon längst im staubigen Licht Utahs und meiner Erinnerung aufgelöst, aber meine Scham existierte noch. Aus Scham dachte ich wieder und wieder daran. Obwohl ich nun ein Wort für das unangenehme Gefühl hatte, ging es nicht weg. Im Gegenteil, ich dachte umso mehr an die Situation. Zehn Jahre waren vergangen, und ich machte mir immer noch schreckliche Vorwürfe, mich damals geweigert zu haben (aber was genau hatte ich verweigert?). Nicht nur, dass das Gefühl nicht wegging – es wurde schlimmer. Das arme alte Paar. Meine armen Landsleute. Die armen Baguettefresser, dachte ich mir.

Aber ich hatte es noch immer nicht verstanden. Ich brauchte noch lange, bis ich verstand, was sich in jenem Augenblick ereignet hatte. In jenem Augenblick hatte ich, durch meine Lüge, meine Heuchelei, ganz kurz jener Lehrerin recht gegeben, die eines Tages über meinen Vater gesagt hatte: *Die Kleine wird nie Französisch sprechen.*

Dieser Frau zufolge hätte er sofort auf seine barbarische Sprache verzichten müssen, die er mit mir sprach und die zwischen mir und der Aufklärung stand. Diese barbarische Sprache, die seine, unsere

Sprache war. Ich stelle mir die Verwirrung meines Vaters vor. Sein Zögern. Sein tiefes Bedürfnis, das Richtige zu tun. Aber wie soll man mit einem kleinen Kind in einer fremden Sprache sprechen? Wie mit seiner Tochter in einer neuen Sprache reden? Eine Sprache, in der man nicht einmal zehn Jahre älter ist als sie selbst? In der man keine Farben sieht? Würde er auch auf Zärtlichkeit, auf Zuneigung verzichten müssen, auf die Natürlichkeit, mit der er zärtliche, ermutigende, liebende Worte ausspricht? Jene Worte, die er mir sagte und die seine einzige Verbindung zu seinem früheren Leben waren, die er gerne behalten hatte?

Die Kleine wird nie Französisch sprechen. Das hatte er mir erzählt. Er konnte es sich nicht verkneifen. Er erzählte es natürlich nicht sofort. Nicht damals, als ich tatsächlich kein Französisch sprach und übrigens gar nicht sprach. Mein Vater war nicht grausam. Er wartete nicht nur, bis ich Französisch sprach, sondern, bis ich es schreiben konnte. Bis ich den Prix Goncourt für meinen Debütroman erhielt. Dann sagte er es mir. Mein noch so bescheidener Erfolg war seine Rache, und ich begriff, wie meine Hand, die noch heute mit dem Füller schreibt und die ich stets für meine eigene gehalten hatte und die sich an einem Arm befand, den ich für meinen eigenen gehalten hatte, gleichzeitig meinem Vater gehörte. Ich war der *bewaffnete Arm* meines Vaters.

*

Der *Spiral Jetty* ist laut Robert Smithson einer jener Orte, an denen alle Sprachen gleichwertig sind (was wohl heißen soll, dass keine von ihnen zur Beschreibung des Werks geeignet ist). Der spiralförmige Steg ist in jeder Hinsicht kolossal: Sechstausendfünfhundert Tonnen Fels, sieben Tage Bauzeit und eine riesige Spirale, die man begehen kann. Sie liegt am Ufer des Großen Salzsees in Utah und erlaubt uns dennoch nicht, in See zu stechen – oder vielleicht auf eine neue Weise. Sie ist ein Werk der Desorientierung, dessen Kunst im Schwindel besteht. Ein Monument für all jene, die sich schon einmal in den Alleen der Zeit oder ihrer eigenen Gedanken verlaufen haben. Der Steg, in dem der Himmel sich spiegelt, ist ein menschliches und zugleich nicht menschliches Werk. Er ist nicht vor den Elementen geschützt, sondern wird ihnen dargeboten. Seit seiner Erbauung 1970 hat er gelebt, und sein Leben hatte mehr mit unserem gemein als mit dem der Kunstwerke in den Museen. Mit der Zeit haben sich Salzkristalle auf dem Steg gebildet. Das Wasser des Sees steigt, überspült ihn, sinkt wieder und offenbart ihn erneut. Manche warten ein halbes Leben darauf, ihn zu sehen. Andere warten ein Leben lang. Wenn er irgendwann, von Algen bedeckt, wieder auftaucht, wirkt er rosafarben.

Der *Spiral Jetty* ist ein Paradoxon: Sieht man ihn in einem Film oder auf einem Foto – von oben, da er riesig ist –, erkennt man nicht das Werk selbst, sondern nur dessen Spur. Dessen Repräsentation. Doch wenn man sich die Mühe macht und sich ans Ufer des Großen Salzsees begibt, wenn man den Großteil der Reise in einem staubigen Bus mit kaputter Klimaanlage verbringt, die Reise mit dem Geld des Vaters bezahlt, der selbst keines besitzt und dennoch diese Summe zusammengekratzt hat, damit man den Führerschein machen kann und bessere Aussichten auf Arbeit, echte, nützliche und ehrbare Arbeit hat – etwa eine Anstellung als Lehrerin statt eine Reihe von Jobs als Bedienung oder Messehostess, die den väterlichen Stolz verletzen und die man vielleicht genau deshalb immer wieder annimmt –, wenn man sich also auf diese Reise begibt und so tut, als spreche man die Sprache nicht, die einem alles bedeutet, und wenn man am Ende dieser Reise endlich ankommt, in staubiger Luft und einem Licht, das der eigene Körper nicht kennt, nicht wiedererkennt, um dieses mehrere Tausend Tonnen schwere Kunstwerk mit 30 Meter Durchmesser zu entdecken, wenn man endlich dort ist, endlich angekommen, dann sieht man es nicht. Nein, man sieht es nicht. Man kann darauf herumlaufen, es aber nicht mit dem Blick erfassen. Darin ist es wie das Leben selbst, wie das eigene Leben, unbegreiflich in dem Moment, in dem es gelebt wird, und bereits vergangen, wenn es sich fassen lässt.

Zwanzig Jahre später trägt man die Haare in der Naturfarbe und entfaltet einen Schlafsack im vielleicht berühmtesten Museum der Welt, um neben der vielleicht berühmtesten Skulptur der Welt zu schlafen. Man weiß, dass die eigenen Wege und Umwege nur eine Spirale waren. Die Spirale hat einen hierher zurückgeführt, ins Zentrum der eigenen Kindheit, in den Kern des Selbst. Man ist die Tochter seines Vaters, und die Zeit existiert nicht. Wie er es fünfzig Jahre zuvor tat, putzt man sich jetzt die Zähne auf der Toilette. Um dorthin zu gelangen, musste man barfuß an der großen Sphinx vorbei. Man sieht das eigene Gesicht im Spiegel, es wirkt komisch mit der Zahnbürste im Mund, und man begreift, was der *Spiral Jetty* und vielleicht auch das Leben bedeuten: Die Essenz, die Kunst liegt nicht in der Sache selbst und auch nicht in ihrer Spiegelung, sondern im ewigen Wechsel der beiden.

Na? Wie würdest du die Mona Lisa stehlen?

Deine Mona Lisa ist mir komplett egal! Die Welt brennt und blutet, was geht es mich an, dass sie mir mit dem Blick folgen kann? Das wollte ich ihm unbedingt sagen.

Ich tat es aber nicht. Und noch seltsamer ist, dass ich trotz meiner Gleichgültigkeit und meiner demonstrativen Häme für diese Frage, die den Sonntagen meiner Kindheit, vielleicht meiner gesamten Kindheit, Gestalt verlieh, merke, dass ich meine Zeit, meine Freizeit, die Zeit meines Schreibens damit verbracht habe, eine Antwort auf diese Frage zu finden.

Beispielsweise habe ich einen Text über eine schwer verletzte Frau geschrieben. Die Art ihrer Verletzung bleibt im Dunkeln, vielleicht ist sie geistiger Natur.

Die Verletzung entsteht nur, weil die Frau zur falschen Zeit am falschen Ort ist. Sie steht rein zufällig im Museum vor Edward Hoppers *Eine Frau in der Sonne,* in genau dem Moment, als das Gemälde gestohlen wird. Die Gewalt vor ihren Augen unterbricht, um es vorsichtig auszudrücken, natürlich ihre Kontemplation des Bildes, aber sie übersteht die Situation. In den folgenden Tagen denkt sie immer wieder an das Bild, das so friedlich und traurig ist wie alle Gemälde Hoppers. Dieses findet sie jedoch eher friedlich als traurig. Sie denkt an das Bett nahe am Fenster und an die grüne Bettdecke. Sie denkt an die Frau, die in einem lang gezogenen Rechteck aus Sonnenlicht steht, einem zweiten Fenster, das man nicht sieht. Der wehende Vorhang des eigentlichen Fensters ist kaum sichtbar. Die Frau raucht. Sie ist barfuß, ganz nackt steht sie in der Sonne, deren Licht von außen hereinströmt. Die Haare reichen ihr bis auf die Schultern. Die Protagonistin denkt wieder an die grüne Bettdecke. An die schwarzen Schuhe. Sie denkt daran, wie der Dieb das Bild mit einer Rasierklinge aus dem Rahmen schnitt, es zusammenrollte und durch den Kragen zwischen seine Schulterblätter schob. Ach, so eine Sonne spüren. Auf der Haut. So eine Haut spüren. Sie denkt wieder daran. Sie denkt auch an die Gewalt, an die Schüsse, an die Rasierklinge. Sie zittert, manchmal. Sie hat den Eindruck, dass sich das Licht ändert, als käme der Tag an unmöglichen Stellen hinein, an Stellen, wo keine Fenster sind. Manchmal hat sie Lust, etwas zu zerstören. Wände. Sie fängt wieder mit dem Rauchen an. Eines Tages zieht sie auf der Straße ihre schwarzen Stöckelschuhe aus und geht barfuß nach Hause. Ja, sie geht mit nackten Füßen nach Hause. Ihre Freunde entfremden sich von ihr. Ihre Verwandten. Ach, so ein Körper!

Dann passiert etwas Seltsames: In einem Prozess, der in Teilen einer Inkubation ähnelt, *wird* diese verwundete, reduzierte Frau selbst zur *Frau in der Sonne*.

Ich habe einen Text in Form eines polizeilichen Vernehmungsprotokolls geschrieben – vielleicht ist es eher ein Geständnis, denn die Fragen kommen dort nicht vor. Ein Mann, von dem man im Lauf der Erzählung erfährt, dass er Museumswächter ist, gibt zu, den perfekten Diebstahl begangen zu haben. Er erklärt sein Vorgehen: Man stelle sich allmorgendlich vor das Zielobjekt. Man betrachte das Zielobjekt genau und präge es sich bis ins Detail ein. Als wolle man es, Fragment für Fragment, Quadratzentimeter für Quadratzentimeter, in sein Gedächtnis überführen. So wechselt das Werk langsam seinen Ort, und niemand merkt es.

Kennt man das Werk in- und auswendig, besser als den Körper, den man auf der Welt am meisten geliebt hat, und besser als den eigenen Körper (wobei ersterer sich manchmal, oder häufig, von letzterem unterscheidet), zerstöre man es.

Real existiert das Werk dann nur noch im eigenen Kopf. Nur im eigenen Herzen.

Man hat den perfekten Diebstahl begangen.

Ich habe einen Text geschrieben – tatsächlich einen ganzen Roman, meinen zweiten –, in dem sich wirklich alles um den Diebstahl von vier Meisterwerken aus einem Schweizer Museum dreht.

Als ich diesen Roman schrieb, dachte ich kein einziges Mal daran, dass ich damit auf die Frage meines Vaters antwortete. Wäre es mir bewusst gewesen, hätte ich ihn ganz sicher nicht geschrieben.

Wovon spricht man, wenn von Kunst die Rede ist? In meinem letzten Buch gibt es zwei Szenen, die in einem Museum spielen. Jedes Mal sage ich mir, hör auf, hör endlich auf mit deinen Museen, hör auf mit dieser bürgerlichen Kultur. Dann erröte ich. In diesem Fall stammt eine Protagonistin aus dem bürgerlichen Milieu, ein Protagonist nicht. Er ist ein *Überläufer von einer Klasse zur anderen* – diesen Ausdruck würde ich wohl nie in einem Roman verwenden, obwohl er völlig zutreffend ist.

Die beiden Protagonisten unterhalten sich über Angst. Studien haben gezeigt, dass Angst empfänglicher für Kunst macht, vor allem für nicht figurative Kunst. Das würde das Interesse an Abstraktion nach dem Zweiten Weltkrieg erklären, vielleicht auch meins für die Land Art Ende der 1990er-Jahre.

Die Protagonisten unterhalten sich also über diese Dinge. Sie (die Bürgerliche, die es nicht mehr sein will, weil sie glaubt, damit könne sie eine Sorge, eine

Einsamkeit abmildern) fragt ihn (der kein Bürgerlicher ist, aber einer sein weil, weil er glaubt, damit könne er eine Einsamkeit, eine Sorge abmildern): *Wenn du etwas aus dem zwanzigsten Jahrhundert retten müsstest, was wäre es?*

Wovon spricht man, wenn von Kunst die Rede ist?

Er überlegt. Dann antwortet er: *Meine Haut.*

*

Wovon spricht man, wenn von Kunst die Rede ist? 1963 verlieh die Französische Republik die Mona Lisa an den Präsidenten und das Volk Amerikas. Hunderttausende Menschen, vielleicht eine Million, gingen ins Metropolitan Museum, um sie zu sehen. Die Warteschlange drängte sich in der Straße und reichte um das Gebäude herum. Die Mona Lisa wurde zu diesem Anlass strengstens bewacht: Zwei Geheimagenten, zwei New Yorker Polizeiinspektoren und zwei Museumsmitarbeiter wachten über sie, die hinter daumendicken, schusssicheren Scheiben ausgestellt war.

Wovon spricht man, wenn von Kunst die Rede ist? Vom Bewahren. Von Beständigkeit. Vom Wunsch nach Ewigkeit.

Und wovon spricht man nicht, wenn von Kunst die Rede ist?

Für mich geht es in der Kunst oft um eine verklausulierte, fast kryptische Art, Gewalt, Zerstörung und Tod heraufzubeschwören – aber hat das Kryptische überhaupt noch einen Platz in der Literatur? Sobald ein Kunstwerk als solches anerkannt ist, wird es unserer Lebensrealität entzogen. Es wird auf ewig gehegt und gepflegt. (Diese Ewigkeit ist natürlich eine Illusion, aber eine wirkungsvolle. Sie hat Folgen. Sie *funktioniert.*) Wenn ich von Kunst rede, spreche ich nicht jedes Mal über all die Leben, denen die Geschichte weniger Bedeutung beigemessen hat als dem Material, aus der die Kunst besteht. 1963 bekam die Mona Lisa eine daumendicke, schusssichere Schutzscheibe. Dreißig Jahre später erhielt meine Familie, der die Kugeln in Sarajewo um die Ohren flogen, nichts dergleichen. Nichts, um die Kugeln aufzuhalten, die ins Fleisch eindrangen. Keine Geheimagenten, um meine Verwandten außer Landes zu bringen. Die Überlebenden waren auf sich gestellt. Kein Polizeiinspektor suchte die Leichen derer, die nicht überlebten.

Und über ein Vierteljahrhundert später: keine Leichen mehr.

Während des Kriegs in Ex-Jugoslawien in den 1990er-Jahren begann die klassische Kunst – jene Kunst, die Zeiten überdauert, zirkuliert, behütet, bewahrt und ausgestellt wird –, mir obszön zu erscheinen. Allein die Vorstellung eines unendlichen Werts gewisser Werke schien mir niederträchtig, weil sie suggerierte, dass der Wert gewisser Leben – um die in der Geschichte weit weniger Aufhebens gemacht wurde als um diesen Steinklotz oder jenes Stückchen Leinwand – nicht unendlich hoch war. Während dieses Kriegs entdeckte ich allerdings auch die Kunst, die meine werden würde. Eine Kunst, die vielleicht auf ähnliche Weise in meinem Herzen, in meinem Gehirn aktiviert wurde wie die Abstraktion nach dem Zweiten Weltkrieg: durch Angst. Jene starke Angst, die ich damals spürte, von der ich aber nichts wusste.

Meine Mutter versuchte, die zu retten, die noch zu retten waren, und jene wiederzufinden, die nicht mehr gerettet werden konnten. Nach dem Verschwinden ihres jüngsten Bruders kam eine Nacht über sie, die nie wieder endete. Mit dem »Verschwinden« meine ich, dass er in seiner Heimatstadt kaltblütig ermordet wurde. Menschen, die ihn seit Geburt kannten, ihn aufwachsen sahen und ihn zunächst beschützt hatten, konnten oder wollten ihn letztlich nicht mehr schützen. Ihn, der seine Religion aufs Spiel gesetzt hatte – oder besser die daraus erwachsende Identität, denn er praktizierte diese Religion nicht. Auch mein Vater versuchte zu retten, was zu retten war: seine *Situation*, würde ich sagen, aber auch etwas Wichtigeres, auch wenn mir diese Wichtigkeit damals, als sich die Schulden anhäuften und auf fantastische Weise vervielfältigten, nicht bewusst war. Seine Weltsicht, würde ich sagen: Sie war es, die er unbedingt bewahren wollte. Seine Vision der Menschheit, an die er glaubte. Diesen Glauben wollte er trotz allem und – so schien es mir – entgegen dem gesunden Menschenverstand behalten. Als kleines Mädchen wehrte ich mich gegen diese Nacht, die auf uns, unsere Familie, unsere Herzen herabsank. Ich wehrte mich, wie es junge Mädchen tun: indem ich mich auf die Suche nach der echten Nacht und dem – echten oder imaginären – Wolf machte, der sie durchstreift.

Der Wolf nahm für mich die Gestalt eines Unfalls an, eines Autos mit vollem Tempo und meines Körpers, der bis dahin – wie alle Körper, die nicht gelitten haben, die man noch nicht leiden ließ – kein Bewusstsein von der eigenen Zerbrechlichkeit hatte.

Nach einer langen Phase der Gesundung, die, so glaube ich, nicht nur körperlich war, wurde ich in den Norden des Staats New York zu jemandem geschickt, der mir aus der Kindheit lieb war. L. war eine alte Studienfreundin meiner Eltern. Sie nannten sie »die Amerikanerin«; sie war, wenn ich mich recht erinnere – in Form jener seltsamen Erinnerungen aus der Zeit vor meiner Geburt, die hauptsächlich aus der Stimme meines Vaters bestehen –, mit einem Fulbright-Stipendium nach Paris gekommen, ungefähr zur gleichen Zeit wie mein Vater. Sie überragte ihn und alle anderen um einen halben Kopf, hatte lange Beine und ebenfalls einen Akzent, wenn sie Französisch sprach. Alle meinten, sie müsse unbedingt Model werden. Sie selbst träumte davon, Architektin zu werden, was sie auch wurde.

In biografischer Hinsicht hatte sie nichts mit meinem Vater gemein. Ihre Begegnung war einer jener glücklichen Zufälle, die nur in Paris und einer Handvoll anderer Städte geschehen können. Moralisch jedoch ähnelten die beiden einander. Sie waren verführerisch, vielleicht auch Verführer, und ihre Intelligenz war unwiderstehlich. Bei L. gab es die Besonderheit, dass sie alle paar Jahre bei null anfangen musste. Bei weniger als null, könnte man sogar sagen, wenigstens wechselte sie alle paar Jahre den Vornamen, die Haarfarbe, die Stadt, manchmal den Partner oder das Land. Sie war eine Künstlerin der Neuerfindung, und Mitte der 1990er-Jahre lebte sie nahe der kanadischen Grenze.

Mein erstes Gespräch auf Englisch führte ich mit ihr. Sie hat mir auch das Autofahren beigebracht. Wenigstens hat sie es versucht – ihr damaliges Auto war so nervös, dass es beinahe lebendig wirkte. Es war ein roter Firebird, in dem wir in jenem Winter die Beach Boys hörten. Sie nahm mich zu den Niagarafällen mit. Sie zeigte mir Häuser des Architekten Frank Lloyd Wright, dem Vater der Prairie Art und des Begriffs »Usonia«. Es stimmt wirklich, dass ein ganz neuer Ort eine ihm angemessene Sprache braucht. Die Usonia-Häuser, die für den Lebensstil und die Landschaft Nordamerikas gebaut wurden, waren so genau durchdacht, dass sie freundlich und wohlwollend schienen. Beim bloßen Hindurchgehen spürte man das Leben, das man dort hätte führen können, ein Leben, das man nicht hatte und nie haben würde; man spürte es rauschen, sich entfalten; es fühlte sich wohl in diesen Zimmern, die in meiner Erinnerung in ewiges Sonnenlicht getaucht sind. L. nahm mich nach Boston mit. Auf dem Weg beschrieb sie mir Gemälde, die sie mochte: Streifen schwarzer, grauer oder bunter Farbe oder rote Tupfen mit Blau. Hier und dort hielten wir an. Sonntags nahm sie mich immer zur Kirche mit. Sie war sehr gläubig. Ich bin es nicht und erlebte damals, was ich nie zuvor erlebt hatte: kollektive Umarmungen, Frauen, die in Ekstase zu Boden fielen, Männer, die plötzlich aufstanden und in einer Sprache redeten, die ich nie zuvor gehört hatte und sie selbst vielleicht auch nicht.

Sie nahm mich ins Museum mit. Sie zeigte mir ein bestimmtes Bild. Genauer gesagt, dessen Abwesenheit.

Christus im Sturm auf dem See Genezareth ist ein Gemälde von Rembrandt, das 1990 zusammen mit zwölf anderen Bildern von als Polizisten verkleideten Männern aus dem Isabella Stewart Gardner Museum gestohlen wurde. Heute wie damals hängt dort noch der riesige Rahmen, in dem die Leinwand fehlt. Die Leinwand ist so hoch wie ich. Vor diesem unsichtbaren Meisterwerk blieb L. stehen, und ich wurde, weil ich nichts sah, zur Schriftstellerin. Als wir das Museum verließen, um weiterzufahren und am Strand in einer kleinen Hütte ein Hummersandwich zu essen, drehte L. sich zu mir um und fragte lächelnd:

Na? Wie würdest du Christus im Sturm stehlen?

*

Was hatten mein Vater und sie gemeinsam? Woher kam diese geteilte Leidenschaft für gestohlene Kunstwerke? Ist sie Merkmal eines bestimmten psychologischen Profils, wie man so sagt? *Wie man so sagt:* Aber wer sagt das eigentlich? Wer verwendet diese Begriffe, *psychologisches Profil*? Streue ich Zweifel an ihren Beweggründen, wenn ich sie niederschreibe? An ihrer geistigen Gesundheit? Ihrer Ehrlichkeit? Oder allem auf einmal? Das möchte ich nicht. Diese nordamerikanischen Ausflüge, die Träumereien von Kunstwerken, die nicht oder nicht mehr sichtbar sind, gehören aus meiner Sicht vernebelten Jahren an. Wenn ich mich an diese Jahre erinnere, gerate ich in einen Zustand ähnlich dem Romanschreiben. Vielleicht suche ich beim Schreiben genau diesen Zustand. In diesen Jahren, diesen Kriegsjahren, hatte ich Mühe, Realität von Fiktion zu unterscheiden. Die abstrakten Gemälde beispielsweise, die L. mochte und mir unterwegs beschrieb – mein Freund T. behauptet, sie im Hauptquartier der CIA gesehen zu haben. Doch was ist eine Beschreibung in einer fremden Sprache wert? Was die Erinnerung an eine Beschreibung? Zudem sind abstrakte, minimalistische

Bilder, die in wenigen Worten beschrieben sind, generischer als andere. (Dennoch. Wenn ich sage: ein schwarzes Quadrat auf weißem Grund, würde nicht jeder Kunstliebhaber sofort das berühmte Gemälde von Malewitsch erkennen?)

Um die Zweifel auszuräumen, wollte ich hinfahren. Ja, während ich diese Zeilen schrieb, hoffte ich, in Nordamerika zu sein. Aber: Die Vereinigten Staaten befinden sich in den letzten Tagen einer leicht entzündlichen Präsidentschaft. Und: Aufgrund der weltweiten Gesundheitskrise beschränkt Frankreich transatlantische Reisen. Man stelle sich vor, was man in diesem Moment hier lesen würde, wäre ich beim Schreiben dieser Zeilen in einem Warteraum der CIA gewesen? Bestimmt gibt es auch dort ein Protokoll, eine oder mehrere Berechtigungen, die man erwerben muss und die man erhält oder auch nicht. Bestimmt wird dort ein polizeiliches Führungszeugnis verlangt oder wenigstens von den Behörden eingeholt. Man sollte sich das so vorstellen, wie ich es mir vorstelle: Der einzige Grund, warum ich dies schreibe, ist, dass ich nicht in einem Warteraum der CIA sitze.

Welches Buch hätte ich andernfalls geschrieben? Welches Buch werde ich schreiben, wenn ich diese Zugangsberechtigungen eines Tages anfordere und erhalte?

Und dieses Buch, das ich schreibe, statt zu leben (womit ich den üblichen Preis zahle)? Hätte ich dorthin fliegen können, wie wird es wahrgenommen werden? Wird es einem Agenten anvertraut, der, wie Robert Redfords Figur in *Die drei Tage des Condor*, darin Spuren eines Komplotts finden soll, den Keim von Böswilligkeit oder Verrat darin suchen soll? Oder wird man es so sehen wie ich, wie jedes Mal, wenn ich das schaffe, was meine Kräfte zu übersteigen scheint: ein Buch zu beenden? Wird man darin den Beweis meiner Fähigkeit sehen, eine Aufgabe zu Ende zu bringen, nur mit der Hilfe von sich ohne Unterlass aneinanderreihenden Buchstaben, Sätzen und Seiten von A nach B zu gelangen, obwohl es doch fast ein Jahr gedauert hat, in dem ich mich nicht von zu Hause wegbewegt habe? Das Schreiben ist mein liebstes Transportmittel. Doch wird man dieses Buch als Beweis meiner Ernsthaftigkeit sehen oder, im Gegenteil, als Handicap, das wie Blei im Regal liegt?

*

Im Kariatidensaal schrecke ich hoch. Etwas oder jemand hat meinen Schlaf gestört, und plötzlich ist es mir körperlich unmöglich, in diesem Raum zu bleiben. Ich habe Herzklopfen. Was ist hier geschehen? Zu bestimmten Zeiten kettete man die Statuen früher an, damit sie nicht flohen. Man fesselte sie mit goldenen Ketten. Es schien gesichert, dass sie einen eigenen Willen hatten.

Was ist hier geschehen? Natürlich kenne ich die

Geschichte. Ein Ballsaal. Vier Frauenfiguren stützten die Tribüne der Musiker. Später war der Raum eines der Zentren des Massakers der Bartholomäusnacht. Ich bin aus dem Schlaf hochgeschreckt, aber wohl nicht wegen Strömen von Blut. Auch nicht wegen Geschreis. Ich habe keine Erinnerung an die vergangenen paar Stunden, aber mein Herz klopft und die Angst erstickt mich. Nein, ich habe keine Erinnerung – aber die Orte haben eine Seele, die Orte haben ein Leben, und wenige Wochen später und im Zusammenhang mit etwas ganz anderem werde ich mich dabei überraschen, einen Satz zu schreiben, der mir gar nicht ähnlich sieht. Einen Satz, in dem die Frauen und die Steine ihre Eigenschaften tauschen; einen Satz, in dem die Steine zum Leben erwachen und denken und alles spüren, was Worte zu einer Zeit ausdrückten; einen Satz, in dem die Steine alles sind, was von einer Sprache geblieben ist, die niemand mehr spricht. Und ich werde mich fragen: Ist dieser seltsame Satz, der mir gar nicht ähnlich sieht, nicht das, was in jenen Stunden geschah, in denen der Schlaf mich geködert hatte?

Ich bewege mich in der Dunkelheit ans Ende der Galerie, dorthin, wo sich, allein, die Venus von Milo befindet. Sie ist allein, weil – glaubt man denen, die in ihrer Nähe leben – um sie herum nichts von Dauer ist. Sie löscht alles in ihrer Umgebung aus. Vielleicht ist das die exakteste Definition eines Meisterwerks, die es gibt: Es ist eine Zugabe zur Welt, deren Wirkung jedoch eine Hinwegnahme ist. Sie verstört ihre Umgebung. *Sie führt zur Eliminierung ihrer Nachbarn.* Diesen Satz habe ich über sie gelesen. Für den Autor ist er wohl eine Metapher. In meiner Geschichte und der meiner Familie findet er einen dramatischen, konkreten Widerhall. Gehört auch das zur Wirkung eines Meisterwerks? Das reale Zittern, das Zittern der Realität? Diese Statue stand schon immer für sich, als griechisches Original unter römischen Kopien, eine beschädigte Statue unter lauter vollständigen, nach italienischer Art, wie man sagt – außerdem hatte man gezögert, ihre Arme zu rekonstruieren. In welcher Haltung? So vieles war der Fantasie überlassen: Lehnte sie an einer Säule oder einem Gott, blickte sie in den Spiegel oder auf einen Schild? Die einzige Gewissheit entstammt anatomischem Wissen: Der linke Arm musste ausgestreckt, gewiss hochgezogen gewesen sein. Vielleicht hielt sie einen Apfel? Ist das ein Apfel, der da im Dunkeln zu meinen Füßen herumkullert?

Noch verrückter und schrecklicher scheint mir, während ich mich an die Venus von Milo heranschleiche, dass es aussieht, als sei sie nicht da.

Meine Taschenlampe geht beim ersten Knopfdruck an. Ich bin erleichtert, beinahe überrascht. Die Welt sortiert sich wieder. In der Dunkelheit, die hier und da von grauen Furchen durchzogen ist, die von außen kommen, ziehe ich mein Feldbett bis zur Venus von Milo. Bleib bei ihr, hatte mein Vater gesagt. Und heute Nacht gestatte ich mir den Gedanken, den ich mir damals verbot: Was, wenn er nicht zurückkommt? Trifft das früher oder später nicht auf alle Väter zu?

*

Die Geschichte der Venus von Milo geht so: Wir hatten zu Hause eine kleine Nachbildung von ihr – jene, die ich eines Tages, kurz vor dem Aufbruch meiner Mutter nach Moskau, in einen Koffer steckte und die vielleicht heute noch irgendwo in der Leninka-Bibliothek ist. Sie stand unter einer dicken Pflanze im Bad der Wohnung, in der meine Eltern zum Zeitpunkt meiner Geburt lebten. Ich begegnete ihr immer, wenn ich auf Erkundungstour war. Ich bemitleidete sie, weil ihr ein Fuß und die Arme fehlten. Scheinbar versuchte ich auch, sie zu füttern.

Als wir zum ersten Mal in den Louvre gingen, wolltest du plötzlich weg. Du hattest vor etwas Angst, aber ich habe das nicht sofort verstanden. Du hattest Angst vor der Venus von Milo.

Du dachtest, sie sei nur dreißig Zentimeter hoch.

*

Wie schläft man zu Füßen der berühmtesten Statue der Welt?

Gut?

Oder schlecht?

*

Gar nicht. Zu Füßen der berühmtesten Statue der Welt schläft man gar nicht. Ich betrachte sie. Da steht sie, senkrecht, nackt, perfekt. Ich liege in meinem Schlafsack Modell »Sarkophag«, betrachte sie und sehe all das, was ich nicht über sie weiß.

Was macht ein Meisterwerk aus? Unser Blick? Oder der seine?

*

Was macht ein Meisterwerk aus? Unser Blick oder unsere Begierde? Ich kann nicht mehr schlafen. Ich habe meine Kontaktlinsen herausgenommen. Ich habe meine Brille abgenommen. Ich bin so kurzsichtig, dass die Venus von Milo, die einzige, die einzigartige, genauso gut eine Rauchsäule sein könnte. Eine Wolke. Eine ungefähr wie eine Frau geformte Wolke, wie sie manchmal am Himmel vorbeizieht. Er hat es mir unzählige Male gesagt, aber genau hier sehe ich, wie mein Vater mit mir spricht. *Man könnte sogar sagen, dass Kunstwerke nicht für das Gesehenwerden, sondern für das Gestohlenwerden da sind. Du kennst die Ge-*

schichte vom Trojanischen Krieg, von Paris, Helena und der List mit dem Pferd. Aber kennst du auch die vom Palladion?

Die Geschichte vom Palladion kommt nicht in der Ilias vor, ist aber grundlegend für ein gewisses Verhältnis zur Kunst. Die ersten Statuen, *xoana* genannt, waren nicht dazu bestimmt, betrachtet zu werden. Sie waren für den Kult bestimmt und waren Geheimnis, Schatz, Gottheit und Seele einer Stadt. Der griechischen Tradition zufolge wurde der Palladion – man könnte sagen: die Seele Trojas – von Odysseus und Diomedes geraubt. Dieser Diebstahl erst ermöglichte den Fall der Stadt. Denn die Kunst ist zuallererst dazu gemacht, gestohlen zu werden.

Wenn die Venus von Milo ein Meisterwerk ist, liegt das auch daran, dass sie 1821 in einen leer geräumten Louvre kam: Sechs Jahre zuvor hatte Napoleon zum zweiten Mal abgedankt und musste die Kunstwerke, die Italien weggenommen worden waren, zurückgeben. Der Diebstahl besiegelte ein Machtverhältnis, das in der Plünderung bestimmter Länder zugunsten anderer bestand. *(»Nennen Sie etwas, das sehr englisch wirkt, es aber nicht ist?« »Die Sammlungen im British Museum.«)* Das trifft noch heute zu: Während ich dies schreibe, wurde der kongolesische Aktivist Emery Mwazulu Diyabanza gerade zu einer Strafe von eintausend Euro verurteilt, weil er sich im Musée du quai Branly einen Grabpfeiler aus dem Tschad aneignen wollte. Die Verteidigung hob auf den politischen Charakter der Tat ab: »Dieses Urteil antwortet auf die gewaltsame Vertuschung der Kolonialgeschichte mit der Weigerung, eine unzweifelhaft militante Aktion als politische Tat zu betrachten. In diesem Sinne kommt mit jeder Zurückweisung seitens der Gerichte zur politischen Blindheit eine juristische hinzu und bleibt damit dem kolonialen Kontinuum treu.« Das sind die Worte der Anwälte. Der Angeklagte selbst hätte den Gegenstand einfach genommen und gesagt: »Wir bringen ihn nach Hause.«

»Wir bringen ihn nach Hause.« 1911 hatte Vincenzo Peruggia nach dem Raub der Mona Lisa mehr oder weniger das Gleiche verkündet. Nicht so mein Vater. Im Gegenteil: Das Haus, das er sich erklärtermaßen ausgesucht hatte, war der Louvre – falls man sich nicht in einem Land, sondern in der Kunst niederlassen kann, nicht in einer Nation, sondern in der Schönheit. Trotz alledem holte uns die Frage nach der Zugehörigkeit eines Tages ein.

4

Denn du hattest mir nicht erzählt, dass dein Vater 2010 im Zusammenhang mit einem Diebstahl im Museum für moderne Kunst vernommen wurde … Ach, das wusstest du nicht?

Manche scheinbar harmlosen, wohlwollend wirkenden Sätze werden uns von Menschen zugemutet, die uns unbedingt verletzen wollen. Man erkennt sie nicht am Schmerz, den sie bereiten und der tatsächlich die Folge von Unwissenheit oder Ungeschicklichkeit sein könnte, wie diese Leute sofort beteuern würden, wenn man ihnen Gelegenheit gäbe. Doch sie verraten sich durch die Intensität des Blicks, der auf so einen Satz folgt, denn sie mustern einen. Sie studieren einen und freuen sich an dem Schmerz, den sie einem zufügen, besser gesagt an den Zeichen des Schmerzes, die sie auf den Gesichtern ablesen. Diesen Satz sagte ein Mann in aller Öffentlichkeit zu mir, der wohlwollend tat, aber einen geheimen Groll gegen mich hegen musste. Direkt nach meiner Begegnung mit dem Ghostwriter hatte ich den Kontakt abgebrochen. Selbst wenn meine Bekanntschaft mit dem Ghostwriter nur kurz währte, fand ich durch die Erinnerung daran – *Ach, so eine Sonne spüren!* – keinen Gefallen mehr an dieser Affäre, genauso wenig wie an Geschichten mit anderen Männern, die mir letztlich nichts brachten. Die Männer gefielen mir, ja, das ist das Mindeste. Sie gefielen mir, brachten mir aber nichts. Auch jener Mann gehörte zu der Sorte, die mich manchmal anzieht, er war gut situiert, sogar *aus gutem Hause*. Verführt hatte mich das, was er nicht von der Welt wusste. Er wusste nichts von mit Kreide markierten Türen, von Verrat, von Schulden und dem Gefühl, niemals und nirgends zu Hause zu sein. Aus dem gleichen Grund, der ihren Reiz ausmachte, langweilten mich diese Männer letztlich. Sie sind intakt. Ihre Intaktheit, ihr Unbeschädigtsein von Welt und Leben machte in meinen Augen ihre Dummheit aus. Schnell sah ich nur noch die. Schnell langweilte ich mich zu Tode. Ihre Ruhe, ihre Sicherheit, ihre Gewissheit, sich im Zentrum ihres eigenen Universums zu befinden, machten sie mir zunehmend unerträglich.

Er wurde nicht verurteilt, darüber warst du bestimmt erleichtert. War das nicht ein bisschen riskant für dich, seine einzige Tochter, auf gestohlene Gemälde zu schreiben? Und zwar nicht nach dem Diebstahl, sondern davor? Hattest du keine Angst, man könne dich für eine Komplizin halten? Ihr habt ein so enges Verhältnis, dein Vater und du.

*

Zunächst dachte ich, er mache einen Scherz. Dann glaubte ich, er verwechsele etwas, müsse etwas verwechseln. Wer weiß, vielleicht ist für ihn ein Jugo wie der andere. Wenn man so heißt wie ich, bekommt man es mit einer banalen Form der Fremdenfeindlichkeit zu tun, die jedes Mal eine vorübergehende, vernachlässigbare Gereiztheit auslöst – man hat schließlich Besseres zu tun, als sich mit solchen Idioten aufzuhalten, man muss den Zug erwischen, Bücher schreiben, sein Leben leben. Im Lauf der Zeit kann die Summe dieser Verletzungen, gleich dem steten Tropfen, der den Stein höhlt, dennoch zu einer raffinierten Marter werden. Wenn ich als Kind erzählte, mein Vater male gern, hielt man ihn wegen meines Nachnamens ganz selbstverständlich für einen Handwerker, und ich war eben die Tochter dieses Handwerkers, ein kleines, angesichts der Umstände unglaublich lebendiges und intelligentes Mädchen. Die Lebendigkeit und Intelligenz bürgerlicher Kinder erstaunten die Leute weniger, man kann es nicht anders sagen. Wenn mein Vater schließlich eintraf und in Trenchcoat und Kaschmirpullover aussah wie der Prinz, der er nicht war, wurde es still. Die Unterstellungen und Vorurteile wurden offenbar, und das Bewusstsein dieser Verachtung erfüllte die Luft. Falls mein Vater es je bemerkte, sagte er nichts. Er lächelte. Er verführte die Menschen auf die schönste Art.

Es ist schon schwierig, Ausländer zu sein. Wenn man dazu noch arm ist, hat man verloren.

Unter den unzähligen Arten, arm zu wirken, waren ein schlechter Mantel, schlechte Schuhe und schlechtes Französisch die schlimmsten.

*

Ich selbst war in den Exzellenzkursen, in denen mein Name oft der einzige war, der ausländisch klang, ziemlich isoliert und machte dort manchmal Witze über die serbischen Freunde meines Vaters. Sie seien dazu fähig, *Kniescheiben mit Golfschlägern zu zertrümmern*. Meine Landsleute seien *Hühnerdiebe*. Jeder dieser Sprüche kostete mich mehr, als ich mir vorstellen konnte.

Ich weiß, wie es nur Kinder wissen, Dinge über meinen Vater, die er mir nicht erzählt hat. Ich weiß, dass er sich manchmal gewisse Freiheiten nahm. Ich weiß, dass er mit, wie man so sagt, *zwielichtigen Gestalten* Umgang hatte. Ich weiß, dass die schöne Uhr und der schöne Regenschirm, die er mir geschenkt hat, nicht aus schönen Geschäften stammten, und ich weiß, dass der Realismus oder das, was man Realismus nennt, nur ein Stileffekt ist. Mein Vater ging sogar noch weiter und sagte, die Wirklichkeit – ja, die Wirklichkeit! – sei nur ein Stileffekt. Mit dieser Vorstellung war er seiner Zeit voraus, sogar meiner und der meines Sohns, aber letztlich ist sie nicht erstaunlich bei einem Mann, der sich erfunden und wieder neu erfunden hat und seine eigene Schöpfung ist.

Dennoch holt uns die Fiktion – oder ist es die Wirklichkeit? – manchmal auf seltsame Weise ein. Solche Menschen möglicherweise leichter als andere.

Von der möglichen Verwicklung meines Vaters in den Diebstahl im Museum für moderne Kunst wusste ich jedenfalls nichts. Vielleicht hatte mein ehemaliger Liebhaber hier und da etwas aufgeschnappt, eine jener Geschichten ohne konkreten Ursprung, die zirkulieren, sich verändern und mythische Ausmaße annehmen. Vielleicht besaß er auch eine Intuition, die ich bei ihm nicht vermutet hätte und die man in einer anderen Zeit, andernorts als weiblich bezeichnet hätte: Vielleicht spürte er etwas von der Verletzlichkeit, die ich ihm zugeflüstert hatte. In Bezug auf meinen Vater und meine Herkunft bin ich zerbrechlicher als auf anderen Ebenen.

Ich habe alles über diesen Diebstahl gelesen, was ich finden konnte. Immerhin war es einer der berühmtesten Museumsdiebstähle unseres Jahrhunderts. In der Nacht des 20. Mai 2010 wurden fünf Gemälde von unschätzbarem Wert (die man dennoch auf 50 Millionen Euro schätzte) aus dem Museum für moderne Kunst gestohlen: ein Picasso, ein Braque, ein Matisse, ein Léger und ein Modigliani. Den Modigliani soll der Hehler in Panik in einen Müllcontainer geworfen haben. Während er das erzählte, weinte der Mann, dessen inneres Drama darin besteht, das Schönste zerstört zu haben, was er jemals in Händen hielt. Schuld an dieser unglaublichen Zerstörung war ein in Paris geborener Kroate und ausgebildeter Elektriker. Er war eine jener romanhaften Persönlichkeiten, deren Existenz die Grenzen zwischen Wirklichkeit und Fiktion verschwimmen lassen. Seine Kunst war der Drahtseilakt. Sein Spitzname: der Spinnenmann. Seine Gerichtsakte war so lang wie ein Arm. Eine bewegende Geschichte, ein Buch, das es zu schreiben gilt, und, wohlgemerkt, keine Spur von meinem Vater. Es sei denn …

*

Es sei denn, sein Name, der auch mein Name ist, wurde falsch geschrieben. So war es beim Notar, so war es auf der Bank. Und so war es, vor über einem Jahrhundert, bei Vincenzo Peruggia. Es bleibt also ein Zweifel, den andere Familien nicht hätten. Die Demarkationslinie zwischen Wirklichkeit und Fiktion verläuft nicht für alle gleich.

*

Na? Wie würdest du die Mona Lisa stehlen?

Habe ich diesen Satz, diese Frage, von der meine Kindheit widerhallt, wirklich verstanden? Oder ist sie wie einer dieser Zauberkoffer mit doppeltem Boden, die leer aussehen – sinnlos, uninteressant –, in Wahrheit aber ein Meisterwerk verbergen, oder zwei, oder eine ganze Frau, eine erwachsene, lebendige Frau mit einer Welt im Kopf, die, so widersprüchlich es scheinen mag, sowohl an der Unsichtbarkeit als auch an der Zurschaustellung Geschmack findet. Eine Frau, die sich heute Abend im schattendurchfluteten Louvre in eine Decke wickelt?

Stellen wir uns einen Augenblick lang vor, mein Vater sei wirklich ein Kunsträuber. Würde ich mich dafür schämen, oder wäre ich stolz darauf?

*

Es ist drei oder vier Uhr morgens. Es ist Zeit. Ich suche den Ort, den ich im Schutz der Dunkelheit und Einsamkeit den Ort meiner Schandtat nennen will, auch wenn ich hier, zwischen Widdern und Damwild, Löwen und Sphinxen, alles andere als allein bin. Ich wollte von Kunst sprechen, aber mir kamen nur Verbrechen in den Sinn: Diesen Satz habe ich so geschrieben, in der ersten Person Singular und einige Jahre später in der dritten Person Plural: *Sie wollten von Kunst sprechen, aber ihnen kamen nur Verbrechen in den Sinn*. Ich wollte mich davon distanzieren, den Satz durch die Fiktion auflösen. Mich von ihm befreien. Doch es hat nicht funktioniert. Er ist mir im Gedächtnis geblieben, wie ein Fragment, wie die hier ausgestellten Tempelfragmente in den schattigen Vitrinen mit den seltsamen Spiegelungen, die alle durch meine Anwesenheit zu entstehen scheinen, durch mein Umhergehen in dieser nächtlichen Welt, deren Zurückweisung ich fürchtete und die jetzt droht, mich zu verschlingen.

Was, wenn mein Vater wirklich in diese Sache verwickelt war? Gewiss, Kunstraub ist ein Verbrechen. Doch wer ist das Opfer? Das Museum? Der Staat? Der private Sammler, dessen Kunstwerke wahrscheinlich nicht sein einziger Reichtum sind? Sie alle sind versichert. Das gesamte System, das auf dem Wert beruht, der einem Gemälde, einem Gegenstand zugeschrieben wird, dient als Sicherheitsnetz. Und macht diese spektakulären Kunstraube in gewisser Weise zu Verbrechen ohne Opfer. Niemand kommt dabei ums Leben. Es handelt sich um eine jener Grenzüberschreitungen, deren Anmaßung einen gewissen Idealismus nicht ausschließt. Sie ist von einer romanhaften Energie, die gut zu meinem Vater und seiner rohen Vorstellung von Gerechtigkeit passen würde, die aus ihm wirklich und gänzlich das macht, was man *ein großes Kind* nennt.

Das gilt natürlich nur, wenn nicht wir alle Opfer sind. Vielleicht sind wir alle für immer um die Möglichkeit gebracht, uns vor dieses Bild zu stellen, es zu betrachten, ohne es zu sehen, oder es zu sehen, ohne genau zu wissen, was wir betrachten. Die Fotos von Besuchermassen vor Meisterwerken erweisen sich manchmal als ebenso interessant wie die Werke selbst. Frisuren, Kleidungsstile, Körperhaltung, Hautfarbe, Alter, Notizblock und Stift oder Mobiltelefon in der Hand – so viele Dinge bewegen uns, weil so viele Dinge verraten, wie viel Zeit vergangen ist.

Es ist unbestreitbar, dass die Zeit vergeht, und ich suche den Ort meiner Missetat. Um seiner Tat zu Gedenken? Oder um sie zu vollenden? Es gibt so viele Arten, Tochter eines Vaters zu sein. Ich bin barfuß, an meiner Schulter baumelt die fast leere Tasche. Sie enthält nur noch das, was nie hätte darin sein dürfen. Der Rest liegt auf meinem orangefarbenen Feldbett.

Hier, bei der Jagdgöttin Diana? Hier, vor der Vase, auf der Akteon von seinen Hunden verschlungen wird? Oder soll ich lieber Alexander mit der Lanze suchen, eine der seltenen Bronzestatuen zwischen all dem Marmor?

Fast alle dieser Werke sind Kopien. Sie ähneln auf seltsame Weise unseren Erinnerungen. Die griechischen Originale sind verloren gegangen. Uns bleiben Visionen und Statuen, die in denselben Formen gegossen wurden, etwa dieser Hermes und dieser Plutos, die sich nur durch einige Merkmale – einen Blätterkranz, ein Schmuckelement – unterscheiden. Eine neue Auflage kann ihrerseits als Matrize zur Herstellung neuer Gussformen verwendet werden. So kann eine neue Generation das Licht der Welt erblicken und an die vorangegangene erinnern. Genau wie unsere Erinnerungen, die sich nicht verstärken, sondern abschwächen, wenn wir sie aufrufen, und die sich bei jedem Wiedererinnern unmerklich verändern, sind die Einzelheiten der neuen Statuen weniger ausgeprägt, und die Statuen selbst werden immer kleiner; ihre Größe verringert sich mit wachsender Auflage.

Bis eines Tages, oder eines Nachts, jemand mit einer Tasche kommt und die Würfel vielleicht neu fallen, in eine andere Richtung rollen. Was habe ich in meiner Tasche? Nichts, womit ich Bronze schmelzen könnte. Vielleicht etwas, um der Venus von Milo die Nase abzuschlagen? Man kann es nämlich nicht oft genug sagen: Sie hat sich die Nase machen lassen. Vielleicht habe ich etwas bei mir, womit ich meine Unterschrift hinterlassen kann auf all diesen Kunstwerken, die aus dem Augenwinkel wirken, als bewegten sie sich? Wenn ich meinen Namen darauf schreibe, wer ist dann ihr Autor? Doch dieser Weg wurde in der Kunstgeschichte, jener Geschichte der Geister großer Persönlichkeiten, bereits beschritten. Also etwas anderes? Vielleicht Lehm, um ein Gesicht, eine Brust, eine Hand nachzubilden? Um sie heimlich herauszuschaffen?

Ist es Realitätsflucht, dass ich hierhergekommen bin?

*

Im Louvre mochte mein Vater besonders die Werke von Corot. Mit der Taschenlampe in der Hand irre ich zwischen den Statuen hin und her. Im Lichtkegel sieht der venendurchzogene Marmor mehr denn je wie Haut aus. Ich versuche, mich im Geiste zurechtzufinden – wo sind, von mir aus gesehen, die Corots? Jean-Baptiste Camille Corot, der Landschaftsmaler des

19. Jahrhunderts, dessen Talent mein Vater, wie vor ihm Baudelaire und Zola, bewunderte. Corots Geschichte, wie mein Vater sie mir erzählte, ging so: Nachdem er eine gewisse Berühmtheit erlangt hatte, signierte er Werke von armen Künstlerkollegen, um den Verkaufspreis zu verzehnfachen. Meinem Vater gefiel diese Vorstellung. Ihm gefiel, dass Freundschaft und Menschlichkeit mehr zählen können als die strenge Frage nach der Urheberschaft. Er freute sich an Geschichten, in denen die Unterdrückten sich rächen und das System gegen sich selbst wenden, um davon zu profitieren. Dass Corot Gemälde signierte, die nicht von ihm waren, interessierte meinen Vater viel mehr als die aus meiner Sicht faszinierende Tatsache, dass es in Belgien während des Zweiten Weltkriegs ein Lagerhaus gab, in dem Fälscher unzählige Corots anfertigten, um sie den Nazis für zwei- oder dreihundert Francs zu verkaufen.

*

Ich hatte einen seltsamen Traum. Ich musste in Deutschland über das Buch sprechen, das ich schreibe. Wie es manchmal im Traum so ist, fand ich den Bahnsteig nicht, genauso wenig wie den Hotelfahrstuhl und mein Zimmer. Ich irrte zwischen Reihen von Münzautomaten umher. Ich war zu spät. Was ich auch unternahm, meine Verspätung vergrößerte sich immer weiter. Ich fand den Ausgang nicht. Ich fand meine Hose nicht, die ich, im Rahmen der peinlichen und unlogischen Traumlogik, auf der Straße ausgezogen hatte, um Zeit zu sparen. Endlich fand ich den Aufzug, dann mein Zimmer, es war schon Zeit für meinen Vortrag. Ich blickte ins Programmheft und entdeckte das wahre Thema meiner Rede: den Vers eines verstorbenen Dichters (den es meines Wissens nur in meinem Traum gab). Er lautete: *Ich bin ein Schatten in den Haaren meines Vaters.*

Wir können nichts daran ändern, die Kunstwerke sind verloren, zerstört. Der Großteil der antiken Bronzestatuen wurde eingeschmolzen. In Waffen verwandelt. Oder in Geschirr. Die Marmorstatuen sind häufig nicht mehr erhalten. Die Sandstrahlen, die früher zu ihrer Reinigung eingesetzt wurden, haben sie stark in Mitleidenschaft gezogen. Die Statuen wurden stumpf, ihre feinen Gesichtszüge wurden ungenau und porös und verliehen dem Betrachter das Gefühl, kurzsichtig zu sein. Dann verschwanden sie ganz. Der Glanz der Gemälde verblasst; die Farbe auf den teuersten Gemälden des 20. Jahrhunderts, die schlecht oder gar nicht appretiert ist, bröckelt ab. Selbst die Länder verschwinden, ihre Grenzen, ihre Namen, ihre Währungen. Auf alten Polaroids verblassen die Gesichter, die von Konturen befreiten Farben verlaufen. Weder die Chemie noch die Zeit machen einen Unterschied zwischen einem geliebten Gesicht und dem Hintergrund – grüner Vorhang, Bibliothek –, vor dem es sich befindet. Der Unterschied existiert nur in unserem Blick, in unserem Herzen.

Auch die Erinnerung spielt uns Streiche. Man vergisst die Anzahl von Marats Wimpern auf dem Gemälde von David und die Anzahl der Wimpern der Mona Lisa. Man vergisst, wann die Tochter, die einzige Tochter, die ersten Schritte machte. Man verwechselt das eigene Geburtsdatum mit einem anderen, vielleicht mit dem wahren.

In der Erinnerung spult sich alles von hinten ab. In welcher Sprache vergisst man Dinge? Natürlich in der, die man zuletzt gelernt hat.

In dem Traum, der in Deutschland spielt, beschloss ich, nicht von dem unbekannten Dichter zu sprechen, sondern lieber einige Seiten aus meinem Manuskript vorzulesen. Ich setzte mich und fing an. Ich glaube, ich hatte – Gott sei Dank – sogar eine Hose gefunden. Mit der Zeit merkte ich, dass manche Wörter auf den Seiten mit Bleistift eingekreist waren, und zwar nicht von mir. Immer mehr Wörter, je weiter ich im Manuskript vorankam. Bis ich, im Rahmen der erschütternden und unlogischen Traumlogik, auf der Seite ankam, die ich gerade schrieb und auf der die folgenden Worte eingekreist waren:

appretiert erbleichen Wimpern Tochter Tochter

*

Es ist vielleicht vier oder fünf Uhr morgens. Ich habe meinen Ort gefunden. Nun warte ich auf meine Stunde. Leise gehe ich zwischen den Galerien und den Umrissen der Statuen hin und her, die nicht mehr um mich herumschweben. Ihr Lächeln verschwindet nicht, wenn ich mich nähere. Es dämmert noch nicht, aber sie scheinen das Gewicht des Steins, aus dem sie gemacht sind, zunehmend zu spüren. Sie rühren mich an, diese Statuen, und zwar genau aus dem Grund, der mich als Kind enttäuschte: Sie sind nicht das, was man Originale nennt. Die meisten von ihnen sind römische Kopien griechischer Werke; Letztere sind seit Langem verschwunden. Ich gehe umher, streichele noch ein bisschen die Statuen, diese dreidimensionalen Erinnerungen, die der Dunkelheit der Schädel und Herzen entstiegen sind: Endlich kann ich eine Sache sehen und berühren, von der ein anderer etwas begriffen und geliebt hat und die für immer verloren ist. Darin besteht, so scheint es mir heute, ihre ganze Schönheit. Kurz vor der Morgendämmerung bemerke ich eine Statue, der ich bisher keine Aufmerksamkeit gewidmet habe und die dennoch berufen ist, mir in Erinnerung zu bleiben, wenn die anderen vergehen: eine Venus im Bad, gebückt. Auf ihrem Rücken befindet sich eine Hand. Es ist die mollige Hand eines kleinen Kindes, mit Grübchen an den Fingern, so groß wie die Hand meines Sohnes, der zu Hause in seinem Bett schläft, aber der auch hier bei mir ist dank der Verbindung, die zwischen uns existiert. Genau wie ich, ohne es zu wissen, bei meinem Vater hätte sein sollen an jenem Tag, an dem er mir sagte: *Ich komme zurück.* Die Hand auf dem Rücken der Mutter ist alles, was von dem kleinen Amor bleibt, der schon lange wieder eins ist mit den Elementen und dem Staub. Dennoch ist er hier, ist ganz enthalten in den fünf Fingern und der Handfläche, die verweilt. Wie meine Hand, so ahne ich heute Nacht, immer auf dem Rücken meines Vaters lag, selbst wenn ich unter dem blinden Blick der berühmtesten Statue der Welt im Louvre saß, wenn ich in der amerikanischen Wüste war, in einem Zug nach Istanbul oder auf einer schicken Abendveranstaltung – wenn ich an ihm zweifelte.

*

Wir belügen die Kinder. Wir belügen sie der Einfachheit halber, durch Weglassen oder aus Scham. Wir belügen sie, um uns selbst zu belügen oder weil wir uns selbst belügen. Manchmal lügen wir, ohne es zu wissen. Wenn man alles zurücklässt, wenn man die Kraft findet, aufzustehen und zu gehen, sein Land, seine Sprache, seine Familie zu verlassen, wie mein Vater es getan hat, um sich neu zu erfinden, um gleichzeitig sein eigener Vater und sein eigenes Kind zu sein – indem man sich in einer fremden Welt selbst erzieht und zu leben beibringt –, wenn man alles zurücklässt, handelt die Geschichte, die man sich und seinen Kindern erzählt, von einer *Tabula rasa*. Doch diese Wiedergeburt ist zugleich eine Lüge. Wenn man alles zurücklässt, wie übermittelt sich das, wovor man geflohen ist und das dennoch nicht loslässt, uns dennoch verfolgt? Wenn man geht, ist es nämlich schon zu spät. Wenn man geht, hat man einen Teil dessen, wovor man flieht, bereits hinter sich, in sich, erlebt. Davon hat mein Vater nie erzählt. Sein französisches Leben ist eine seltsame Mischung aus Fiktion und härtester Realität. Man hört so oft: *Leben ist, wenn es wehtut*. In der Erzählung, die mein Vater daraus gemacht hat, war keine einzige Schwierigkeit erkennbar. Ich kann dennoch nicht glauben, dass es nicht wehtut, wenn man mit zwanzig Jahren, aus Liebe zu einer Frau oder zum Abenteuer, ohne einen Cent in der Tasche, ohne Beziehungen und ohne die Landessprache zu sprechen, in ein anderes Land kommt. Ich glaube im Gegenteil, dass es ohne Unterlass wehtut. Man tut sich an den Worten weh, die Widerstand leisten, an den Institutionen, die Widerstand leisten, an den Blicken der anderen, die sich zu Hause fühlen und nicht einmal darüber nachdenken müssen. Man tut sich die ganze Zeit weh, wenn man frei ist. Kein Wort über die Härte namens Wirklichkeit. Aus dem Mund meines Vaters klang alles leicht wie ein Märchen.

War mein Vater wirklich in diese Angelegenheit verwickelt? In diesen unerhörten Diebstahl, der Mögliches und Unmögliches neu definiert, der die Grenze zwischen Realität und Fiktion vernebelt oder verschiebt?

Oder ist auch das eines seiner Spiele, ein Spiel mit sich selbst und mit mir? Was hätte er gesagt, wenn ich mit ihm darüber gesprochen hätte? 2010 war er knapp 60. *Angesichts des Zustands meiner Knie betrachte ich das als Kompliment.* Oder: *Zeig mal? Du findest, ich sehe diesem Typen ähnlich? Also bitte, schau dir doch dieses Gesicht an.* Oder, ganz einfach: *Ach, für so jung hältst du mich?*

Vor vielen Jahren saß er im Gefängnis, das habe ich herausgefunden. Für ein paar Wochen, vielleicht zwei Monate. Eine der seltenen Aussagen, die er mir gegenüber je zu diesem Thema machte, lautete: *Das war ein Missverständnis.* (Es hatte mit seinem Militärdienst und einer Denunziation zu tun – noch einer.)

Das war ein Missverständnis, sagte er mit diesem charmanten Lächeln, das ich so gut kenne und unmöglich nachahmen kann, obwohl es mir das Leben so oft erleichtert hätte: Es ist die ideale Form, eine Unterhaltung zu beenden. Manche seiner engsten Freunde leben auf anderen Kontinenten; manche haben ihre Identität gewechselt, manche ihr Gesicht. Andere sind unter tragischen Umständen ums Leben gekommen, die man als finster bezeichnen könnte. Gehörte er dazu, oder hat er sich damit zufriedengegeben, sie zu kennen, ihnen beim Leben zuzusehen, wie man gerne der Welt beim Leben zusieht? Genügte es ihm, sich aus Neugier und Faszination am Rand einer kriminellen Gesellschaft zu bewegen? Daran glaube ich. Und zwar aus mehreren Gründen. Der erste ist hell. Ich kenne meinen Vater. Ich schließe die Augen und sehe ihn. So, wie ich ihn mit geschlossenen Augen sehe, liegt auf seinem Herzen kein Schatten. Ja, ich kenne seine Fantasie und die Freiheiten, die er sich darin und in der Wirklichkeit zugesteht, vielleicht sogar hinsichtlich gewisser Regeln – aber jenseits davon kenne ich auch seine tiefe, strahlende Güte und einen Teil seines Verhältnisses zur Welt. Er ist ein Mann im Museum. Ein Spaziergänger. Ein Zuschauer. Im tiefsten Inneren ist mein Vater kein Mann der Tat. Mein Vater amüsiert sich. Er tut, als ob. Er tut, als sei er reich. Er tut, als übertrete er die Gesetze, ohne tatsächlich eine Gesetzeswidrigkeit zu begehen. Mein Vater ist ein guter Mann. Das denke ich jetzt, da ich, zum zweiten Mal in meinem Leben im Abstand von dreißig Jahren, am Rand einer anderen Welt stehe.

Aber kennt man seinen Vater wirklich?

*

Der andere Grund, weshalb ich nicht an die mögliche Kriminalität meines Vaters glaube, ist etwas wirrer. Etwas dunkler. Und etwas schwerer auszusprechen, denn er verleiht einem Teil von mir eine Stimme, den ich nicht beeinflussen kann. Dieser Grund hängt mit der Bürde der Emigration zusammen. Diese Bürde wird zum Teil von der nachfolgenden Generation – der ich angehöre – getragen, die von der Melancholie der Ursprünge nichts wissen sollte, sie aber zu häufig erlebt. Als Unbehagen. Als Unfähigkeit, an einem Ort zu bleiben und sich ganz zu Hause zu fühlen. Der Grund hängt mit dem zusammen, was so viele Immigrantenfamilien sich auferlegt haben: die Bürde eines modellhaften Verhaltens. Bloß keinen Wind machen, bloß nicht gegen die Regeln verstoßen, bloß niemandem Schande zufügen. Niemandem jemals den geringsten Grund geben, das zu sagen, was man auch ohne Grund zu häufig hört: *Ach, diese Ausländer*. Bloß nicht auf sich aufmerksam machen. Aber besteht Integration darin, mit dem Hintergrund zu verschmelzen? Sich zu verneinen, zu verleugnen? Mein Vater jedenfalls hat diesen Weg nicht eingeschlagen und entschied sich in jungen Jahren, sich vielmehr durch Auffälligkeit zu tarnen. Neben der Stimme, die ihn bewundert und verteidigt, erhebt sich in mir eine andere. Sie sagt: *Mensch, Papa, mit einem solchen Namen kann man es sich nicht erlauben, Bilder zu stehlen. Man kann sich nicht erlauben, irgendetwas zu stehlen. Du weißt doch, Papa: einmal Dieb, immer Dieb.*

Diese Stimme ist mit mir zusammen groß geworden. Als ich Kind war, sagte sie: Mensch, Papa, ruf nicht diesen Vornamen, den du sorgsam ausgesucht hast und den ich hasse. Mensch, Papa, sprich nicht mit mir in dieser Sprache, für die ich mich schäme – und die doch die einzige war, in der er seine Liebe zu mir ausdrücken konnte; die einzige, in der er mein Vater sein konnte.

Diese Stimme sagte, nicht außen – was schmerzhaft genug ist –, sondern in meinem Inneren: *Ach, diese Ausländer.*

*

Ich versuche, mich daran zu erinnern, ob ich bei meinem Vater dem berühmten Spinnenmann begegnet bin. In dieser Nacht im Louvre versuche ich, die Räume, die Ausmaße und sogar die Dunkelheit zu lesen, so wie er es tat.

Mein Vater sammelte Menschen. Er mochte jene, die sich auf die eine oder andere Art vom Gewöhnlichen abheben und Wahrscheinlichkeiten – das, was man Schicksal nennt – zum Verrutschen bringen. Jene, die es verstehen, aus der Reibung zwischen ihrem Willen und der Wirklichkeit einen Funken entstehen zu lassen, wo vorher nichts war. Die uns den Atem rauben, uns zum Staunen bringen und unser strukturiertes Denken durchbrechen. Das ist ihre Kunstform. Sie eröffnen sich das Feld der Möglichkeiten und damit die ganze Welt, und zwar nicht nur für sich selbst, sondern für alle; wenigstens für jene, die davon zu träumen verstehen. Für jene, die zu sehen verstehen, die allem Aufmerksamkeit schenken, vor allem den Details. *Wie viele Äpfel und wie viele Sandalen, wie viele nackte Schultern, wie viele Kleinkinder? Wie viele Notausgänge und wie viele Feuerlöscher?*

Diese Details existieren nicht unbedingt, um gesehen zu werden. Dem geübten Blick offenbaren sie aber eine Welt, die viel reicher ist, als es den Anschein hat. Bestimmt ist das auch eine Form von Kunst. Die meines Vaters bestand im Kern darin, zu wissen, wie man die Augen öffnet. Und über das zu lächeln, was er sah.

Warum also dieses endlos wiederholte Spiel – *Na? Wie würdest du die Mona Lisa stehlen?*

Warum war er unfähig oder hielt mich für unfähig, den Louvre ohne Ziel zu besuchen, wie es alle anderen machen? Heute glaube ich – und es bricht mir fast das Herz –, dass diese Träumerei eine Traurigkeit verriet. Eine verschwiegene Traurigkeit. Dass dieser Traum, scheinbar so leicht und fröhlich, von der Illegitimität meines Vaters erzählt, die er trotz allem an diesem Ort empfand. Als sei seine Anwesenheit dort deplatziert. Als sei er schlicht deshalb schuldig, weil er dort war – *und als sei er der Einzige, der das wusste.*

Dieses jahrelange Spiel, das wir spielten und das eine Verbindung zwischen uns schuf, die noch Bestand hatte, als die Verbindungen zwischen Vater und Tochter eine nach der anderen abrissen, unser Pakt, war gleichzeitig, das weiß ich heute, der heimliche Name seiner Einsamkeit. Der heimliche Name der Fremdheit, die er zehn, zwanzig, dreißig Jahre nach seiner Ankunft in Frankreich noch immer verspürte. Mit diesem Spiel stellte er sich außerhalb der Gesetze. Alles, was er sich so sehnlichst gewünscht hatte, bis sich seine Wünsche scheinbar um ihn herum materialisierten – Paris, der Louvre und vielleicht, wer weiß, sogar ich selbst und die Komplizenschaft zwischen uns –, empfand er insgeheim als Diebesgut. Nichts, was er liebte, gehörte ihm, und weil es ihm nicht gehörte, konnte es ihm wieder weggenommen werden.

Seine Wünsche, die eine leuchtende Stadt und ein Leben in dieser Stadt ermöglicht hatten, waren im tiefsten Inneren noch immer schuldbehaftet.

Das, so glaube ich, spielte sich damals ab und war weder ihm noch mir bewusst. Mit diesem Spiel, das im Kern keines war, nannte er den Preis, den er für das von ihm gewählte Leben zahlen musste. Für ein Leben, das ihm immer als Grenzüberschreitung erschienen war.

*

Man müht sich, erwachsen zu werden, sich loszulösen, richtig zu existieren. Die Ironie liegt wohl in der Tatsache, dass genau dieses Bemühen mich zur Tochter meines Vaters macht. Ich ähnele ihm nie mehr, als wenn ich mich entferne und ihn zurücklasse.

Na? Wie würdest du die Mona Lisa stehlen? Mein Vater träumte sein Leben lang davon, dem Raum, in dem ich mich heute Nacht befinde, etwas zu nehmen. Ich habe das Gegenteil vor. Das exakte Gegenteil. Ich bin nicht gekommen, um etwas aus dem Louvre zu entfernen, sondern, um etwas hinzuzufügen.

Wenn ich am Morgen gehe, werde ich eine Spur zurücklassen, etwas hinzufügen, das diesen Ort für immer verändern wird. Diskret. Und grundlegend. Dieses Hinzugefügte wird mindestens genauso grenzüberschreitend sein wie der Diebstahl, von dem mein Vater träumte.

Was habe ich also in der Tasche? Vielleicht eine Kerze? Ein Wachslicht, in dem ich die Skulpturen und Gemälde so sehen kann, wie sie vielleicht noch immer gerne gesehen würden? Fehlt ihnen dieses Licht aus einer anderen Zeit, wie meinem Vater sein Heimatland gefehlt hat? Oder sind Kunstwerke nicht so anfällig für Nostalgie? Ja, vielleicht ist es eine große Kerze aus Bienenwachs, deren Flamme eine dieser perfekten Oberflächen, den perfekt erhaltenen, weißen, blank polierten Marmor schwärzen könnte? Oder einen der goldenen Rahmen, die für manche selbst Kunstwerke sind. Verbrenne ich eine bemalte Fläche? Sehe ich zu, wie die knisternde Kerze die Farbe auf einem jahrhundertealten Gemälde erneut verflüssigt? Werde ich den Rauch einatmen; wird er sich in meiner Lunge einnisten und dort vielleicht Schatten und Höhlen bilden? Widerwillig wird mir klar, dass auch dies eine Antwort auf die Frage ist, die mein Vater mir vor dreißig Jahren stellte. Ist das Einatmen des giftigen Rauchs eines brennenden Gemäldes die beste Art, es zu stehlen?

Eine große Kerze, eine Schachtel Streichhölzer: Habe ich das in meiner Tasche? Oder etwas anderes?

Ist es etwas Lebendiges, das ich unbemerkt in den Louvre geschmuggelt habe? Ein Vogel in einer kleinen Kiste mit Löchern, die ich kurz vor meiner Ankunft noch am Quai de la Mégisserie gekauft habe? Sind es zwei Vögel, die überall hinkacken und ihr Nest in den Haaren von Pallas Athene bauen werden? Oder vielleicht Insekten? Solche, die eine Kolonie in den Stein graben und die leblosen Objekte mit geheimem Leben füllen? Oder eine Hornisse? Ein Hornissenweibchen? Das an diesem temperierten Ort sein Nest bauen wird? Anfangs wird es nach nichts aussehen, ein Faden, kaum mehr als eine Idee, ein Wunsch, und in wenigen Tagen, wenigen Wochen wird sie ihre Konstruktion vergrößern. Hornissen nutzen alle Unebenheiten, um ihre Nester zu bauen. Nimmt man die leeren Nester ab, findet man manchmal tief im Inneren den negativen Abdruck der Unterlage. Würde der tanzende Satyr meines Sohnes einem solchen Bauwerk sein Gesicht zur Verfügung stellen?

Oder habe ich in meiner Tasche ein Werkzeug, ein kleines Werkzeug, mit dem ich ein Wort, einen Satz auf eine Handfläche oder in die Hautfalte eines steinernen Schenkels ritzen kann? Wer weiß, vielleicht habe ich sogar etwas mitgebracht, um an den in der Venus von Milo verborgenen Hohlraum zu gelangen? Die Nacht ist lang und schwarz. Habe ich etwas, mit dem ich einen Satz, eine Botschaft, die nur ich kenne, am okkultesten, intimsten, geheimsten Ort der Kunst unterbringen kann?

Wenn mein Satz gut genug geschrieben ist, wenn er ein Vers ist, wird er die Statue dann beseelen, wie in den alten Mythen, in denen der geheime Name der Dinge deren Beherrschung erlaubt?

Was habe ich in meiner Tasche? Was könnte die Zugabe sein, die gefährlicher ist als die Wegnahme? Vor einigen Jahren zeichneten meine Freunde Simon de Dreuille und Hicham Berrada einen Plan für ein Kunstprojekt. Es handelte sich um ein großes Gebäude – nicht der Louvre, aber genauso anziehend, genauso schön. Eine dreidimensionale Legende. Unter dem Gebäude planten sie eine Höhle ein, die vorher nicht da war. Durch diese herbeigewünschte Höhle wird das Projekt zur Kunst. Habe ich ein Mineral in der Tasche? Eines von jenen, die, sorgfältig vergraben, im Lauf der Jahre, im Lauf der Zeitalter langsam wachsen, um den Raum auszufüllen, in dem ich mich gerade befinde? Um ihn zu teilen? Ihm auf funkelnde, natürliche, perfekte Weise Konkurrenz zu machen? Habe ich das in der Tasche?

Wird mein Vorhaben in Jahrzehnten oder Jahrhunderten nicht genau so erscheinen? Ist die Dauer selbst eine Kunstform?

Und habe ich die in meiner Tasche?

*

Ich gehe frühmorgens. Was ich im Louvre zurückgelassen habe, verrate ich nicht. Das ist eine Sache zwischen den Orten und mir, den Werken und mir. Der Zeit und mir. Vielleicht handelt es sich einfach um ein kleines Mädchen und dessen Vater. Vielleicht hört man, wenn man lauscht und der Besucherstrom abebbt, beider Schritte, ohne sie je zu erblicken. Ihr Lachen. Wenn die Realität ein Stileffekt ist, gilt das vielleicht auch für das Leben?

Ich mache eine Pause im Café de la Comédie und trinke einen doppelten Espresso. In der menschenleeren Straße lässt sich ein Brautpaar fotografieren. Katastrophenfilme, in denen eine Stadt sich plötzlich leert, offenbaren deren Fremdheit. Auch solche Filme werden im Morgengrauen gedreht. Spatzen kommen an meinen Tisch und picken die Krümel meines Croissants auf. Sie sind schön, zierlich, und obwohl man spürt, wie ihr Herz gegen die Federn klopft, wenn sie sich nähern, scheinen sie keine Angst zu haben. Die künftige Ehefrau trägt großartige Schuhe: schöne italienische Sandalen von schwindelerregender Höhe. In diesen Schuhen wird man sie als ewige Braut, ewig jung und glücklich im menschenleeren Paris sehen, aber in Wirklichkeit trägt sie die Schuhe nicht, denn sie kann darin nicht laufen, schafft höchstens zwei Schritte und zieht sie dann aus. Der Fotograf gibt ihr die gelben Hausschuhe zurück, die bestimmt aus dem schicken Hotel neben meiner Frühstücksterrasse stammen.

In weniger als einer Stunde werde ich wieder zu Hause sein und meinen neun Monate und drei Tage alten Sohn küssen. Meine Tasche aus Leinen und Leder, die bürgerlicher und respektabler ist als ich, werde ich, ehe ich mich ins Bett lege, auf dem Sofa ausleeren, neben dem Original, mit dem der Ghostwriter fortgegangen und schließlich wiedergekommen ist. Momentan haben wir zwei identische Taschen. Eine ist in bedauernswertem Zustand, die andere noch nicht. Ich werde mich neben ihn ins Bett legen, und wir werden beide nicht wissen, dass es die Welt, die wir kennen, in einer Woche nicht mehr geben wird.

DANKSAGUNG

Die wenigen nicht belegten Zitate in diesem Buch stammen von Aby Warburg, Sarah Walden und Michel Braudeau, der auch die Fälscher liebt. Für alles, was den Louvre betrifft, habe ich eher den Arbeiten von Ludovic Laugier, Jean-Luc Martinez, Sophie Descamps-Lequime, Raphaël Jacob und Violaine Jeammet vertraut als meiner Erinnerung.

Danke an Yannick Haenel, der mir am ersten Frühlingstag 2021 die *geheimen Abenteuer des Ordens* in Erinnerung rief, von denen Borges spricht.

Dank an Violaine Bouvet-Manselle und Dominique de Font-Réaulx für das Treffen im Nemours, wo dieses Projekt Gestalt annahm.

Dank an Laurence Castany und Ludovic Laugier (Louvre): Unsere Begegnungen waren für mich weit mehr als eine »Reihe von Anhörungen«.

Vor allem Dank an Alina Gurdiel und Manuel Carcassonne für ihr Vertrauen.